JN326737

眠りに潜むメッセージ

スピリチュアル夢ブック

スピリチュアリスト
江原啓之

目次

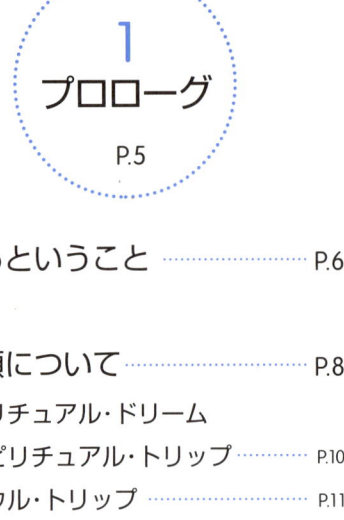

1
プロローグ

2
夢診断

1

プロローグ

人生の約４分の１を占める睡眠。そのとき見る夢は、人間にとって重要な意味を持つのです。あなたの夢に託された、スピリチュアルなメッセージを聞き取るためのレッスンを始めましょう。

夢を見るということ

睡眠は人間が生きるために不可欠なもの。
そして夢を見ることで、私たちは、
経験を積み、学び、成長していきます。

夢は誰でも見る身近なものなのに、いつの時代も謎の多い「神秘」として扱われてきました。スピリチュアルな観点でひもとくと、夢とは、「癒し」と「学び」のためにあるものなのです。

人間の本質は「たましい」です。そして睡眠中は肉体を離れてスピリチュアル・ワールドに里帰りをします。たましいがスピリチュアル・ワールドで癒され、エネルギーを補給して戻ることで、目覚めた後に肉体が元気に活動できるのです。だからこそ、睡眠なくして人間は生きていけません。

その里帰りのときに、たましいが見たスピリチュアル・ワールドの風景や守護霊のメッセージの内容を、私たちは「夢」と認識します。スピリチュアル・ワールドで守護霊からアドバイスやメッセージを得ることで、この世を生きることができます。つまり、睡眠をおろそかにする人は、肉体を休ませることができないばかりか、たましいのエネルギーチャージもできません。また、夢は心を映し出す鏡の役割も果たすことがあり、自己を内観するきっかけにもなるでしょう。

高い精神を持ち、活動的で、つねに成長し続ける人であるために、「癒し」と「学び」につながる夢を見ましょう。そのためには、この本で夢についてよく知り、夢の真実に迫ってください。

夢の種類について

じつは6種類もの夢があります。
それぞれに奥深い意味があるので
違いを覚えて、夢の解釈に活かしましょう。

「夢」とひとくくりに呼ばれていますが、大きく2つに分けられます。ひとつは、たましいがスピリチュアル・ワールドに里帰りしたときに見る「スピリチュアル・ドリーム」です。その中にもさらに、「スピリチュアル・トリップ」「ソウル・トリップ」「メッセージ・ドリーム」「スピリチュアル・ミーティング」の4種類があります。一方、スピリチュアル・ドリームに対し、この世にまつわる夢があります。こちらは「思いぐせの夢」と「肉の夢」があり、たましいが精神や肉体に囚われた状態で見るものです。夢の種類を把握しないと解釈を誤るのでしっかり覚えましょう。

スピリチュアル・ワールドの階層

4つの階層のうち、夢は「幽界」での体験です。

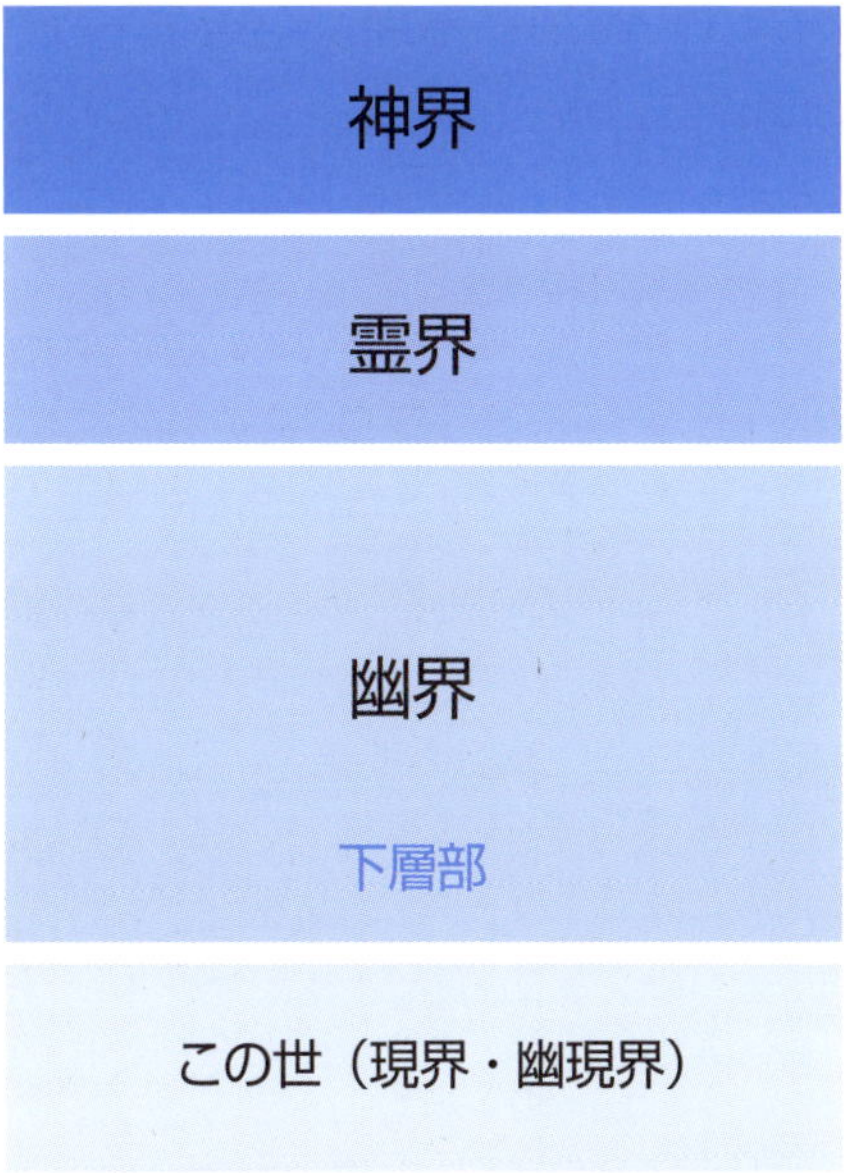

「神界」は神の中心部にあたり、「霊界」は守護霊（ガーディアン・スピリット）など高級霊の世界。人間のたましいが睡眠中に里帰りするのは「幽界」で、睡眠中にどんな波長（そのときの心境）であるかで、夢の種類は変わる。「幽界」の下層部に迷い込んだときに見る夢が「ソウル・トリップ」。また、「思いぐせの夢」や「肉の夢」はこの世と「幽界」の境で見るので現世での思いが強く出る。

スピリチュアル・ドリーム

スピリチュアル・トリップ

すこやかな人のたましいは「波長」が高く、
幽界の〝癒しの空間〟へと導かれます。
その美しい旅路を記憶した夢です。

幽界は死後のたましいが帰る世界であり、睡眠中のたましいが里帰りするところでもあります。その幽界にも無数の階層があり、たましいがどの階層に帰るかは「波長」によって決まります。

成熟した人格を持ち、偏見に囚われず、真の愛を知っている人のたましいは波長が高く、幽界でも上層部のほうへと導かれます。その旅路を夢として見るのが「スピリチュアル・トリップ」です。上層部は〝天国〟と思われている、明るく美しい、ファンタジックな世界です。肉体の束縛を離れたたましいは上層部で楽しくのびのびと過ごし十分に癒しを得て帰ってきます。すると、朝起きたときに穏やかな幸福感があり、一日をすこやかに暮らすことができるのです。だからこそ私たちは、スピリチュアル・トリップを体験できるような、たましいの波長が高い人間を目指さなくてはなりません。

スピリチュアル・ドリーム
ソウル・トリップ

地獄のように暗く恐ろしい世界で
魔物に追われたり、争っていたら、
たましいが下層部を迷っているのです。

精神的に疲れていたり、誰かを追い落とそうという邪心や嫉妬心、トラウマ、悩みを抱えているとき。人間のたましいは波長が低くなり、睡眠中に幽界の下層部へと迷い込んでしまいます。

幽界の下層部は、上層部とは対照的に〝地獄〟にたとえられる、薄暗く恐ろしい世界です。波長の低い陰鬱なたましい同士が争い、罵り合いをしていて、魔物に追いかけられたりします。そんな不気味な光景を目の当たりにした夢が「ソウル・トリップ」なのです。

また下層部はこの世の風景を映したようによく似ています。だから「暗く、荒んだビル街」という夢だったときは「ソウル・トリップ」の可能性が高いといえるでしょう。

「ソウル・トリップ」を見るのは、たましいがSOSのサインを出しているとき。ストレスのもとや歪んだ心を正し、たましいが下層部に向かないようにしましょう。

スピリチュアル・ドリーム

メッセージ・ドリーム

守護霊からの貴重なアドバイスが
夢のシーンとして映し出されます。
冷静な解釈をして、理解を深めましょう。

守護霊は私たちを見守り、導く存在です。そして「メッセージ・ドリーム」とは、守護霊が私たちにアドバイスを授ける夢のことをいいます。守護霊は姿のない光の存在なので直接会うことはありません。メッセージはテレパシーとして届いたり、夢の一場面として映し出されます。亡くなった家族や知人の姿を借りるなど、メッセージを受け取る本人が理解しやすい手段が使われることもあります。

しかし守護霊の波長は高く、人間が正確にメッセージを理解するのはとても難しいことです。内容も、予言的なものや励ましのアドバイス、厳しい注意、警告などさまざま。「メッセージ・ドリーム」を安直に受け止めて結論を急がず、客観的に、冷静に熟考しましょう。また、メッセージは記憶に残らないこともありますが、気づかぬ間にも自分の思考や行動に反映されるので安心してください。

スピリチュアル・ドリーム

スピリチュアルミーティング

念の通じ合ったたましい同士が幽界で会い、本心を語っている夢です。

幽界でたましい同士が交流するのが「スピリチュアル・ミーティング」です。幽界には時間も空間も存在せず、遠く離れた家族や別れた恋人、亡くなっている人のたましいとも会うことができます。「スピリチュアル・ミーティング」が叶う条件は、お互いの思念が通じ合っていることです。また、幽界で嘘は語れませんから、普段は言えないようなことも素直に相手に伝えられます。偽りのない本心や、感謝、謝罪の気持ちがたましいを通じて交わされるために、人間は現世でもコミュニケーションをとることができるのです。

思いぐせの夢

心の奥底のトラウマや悩みが
「思いぐせ」という偏りになり、
夢のストーリーに影響を与えます。

人間の行動や仕草に癖があるように、考え方にも「思いぐせ」という偏りがあります。怒りっぽい、せっかち、嫉妬深い…、人それぞれが持つ「思いぐせ」は、育った環境や経験、過去のトラウマ、悩みによって作り出されたものです。「思いぐせ」が強すぎると睡眠中のたましいまで束縛され、のびのびとスピリチュアル・ワールドへ旅立つことができません。そして、「思いぐせ」の根となっている心の悩みやストレスを映像化した夢を見てしまうのです。この夢が続くと、たましいは疲れを癒すことができず、守護霊からのメッセージも受け取りづらくなるため、現世でもなんとなく疲労が抜けず、頭も冴えないかもしれません。

そういった悪影響を避けるためにも、日頃から自分の悩みと向き合い、ストレスを溜めない工夫をし、ベストコンディションで睡眠に入ることを心がけてください。

肉の夢

音や匂いなど五感の受ける刺激が、
思いがけない形で夢に反映されます。
休息を妨げるので気をつけましょう。

睡眠中のたましいはスピリチュアル・ワールドへ帰るために幽体離脱をしますが、肉体とは「シルバーコード」という見えない霊的物質でつながっています。そのため、睡眠中の嗅覚や聴覚、触覚などが刺激を受けると、たましいにも影響が及んで「肉の夢」を見ます。わかりやすい例は騒音で、近所で工事をしていると夢の中でも「うるさいなぁ」と感じ、夢のストーリーも音に悩まされるものになるでしょう。「肉の夢」はたましいの癒しやエネルギー補給を妨げますから、睡眠に集中できる環境を整えるのは重要なことです。

夢コラム❶

睡眠時間と夢の関係

良質の夢を見るために夜更かしは禁物。
6時間睡眠をしっかりキープする。

現世と幽界を隔てた扉が開かれる午前1時から2時をスピリチュアル・タイムと呼び、このときに深く眠っているとスピリチュアル・ドリームを見ることができます。そのため、理想としては午後11時頃から寝て、ちょうどスピリチュアル・タイムに深い睡眠を迎えられるようにリズムを整えましょう。たましいと肉体をしっかり休息させるには6時間睡眠がベストで、寝すぎるとたましいが下層界に迷い込む悪夢になってしまいます。うたた寝でもスピリチュアル・ドリームを見ることがありますが、それは霊感の強い人に限られるのでやはり日常の睡眠を大切にしてください。

2

夢診断

夢に託された、生きていくために必要なアドバイスや現在の状況への警告…。具体的な例から、その読み解き方をレクチャーします。診断のコツをつかんで自分の夢の真の意味を学びましょう。

夢キーワードリスト

五十音順に57個の夢を紹介。
見たことがあったり、気になるものから、
夢診断のレッスンを開始しましょう。

キーワード別　夢診断

さぁ、いよいよ夢診断のスタート！
キーワードのあいうえお順にて紹介です。
夢の種類も添えてお届けします。

夢

キーワード　足が腐る

小学生に戻った私の足首が腐っていきます。

　その夢の光景は、雨の降る暗い夕方でした。私は小学生の姿でランドセルを背負っていて、友達のことを下駄箱のそばで待っていました。そのとき、なぜかはわかりませんが、何の前触れもなく、足が私の体から離れていってしまうのです。そして、離れた足はどんどん腐っていきます。私は、腐っていく足を自分にくっつけようと必死なのですが、結果的にくっつくことはなく、途中で目が覚めてしまいました。ずいぶん前の夢ですが、今でも忘れられません。

回答

ああすればよかった、の「思いぐせ」が大人になっても影響を与えています。

「足」は「人の歴史」のシンボルです。それが現れるのは、今までの「足取り」が示された夢ということ。小学生に戻ったあなたの足が腐っていくのは、自分の小学校時代を「充実させることができなかった」と悔やんでいるからかもしれません。勉強やスポーツ、友人関係で、いつも思うようにいかず、「やり遂げた」という実感が持てなかった。本心とは裏腹に周囲になんとなく流されていた…。そんな「思いぐせ」が足が腐るという内容に表れています。また、足首が離れるのは、当時のあなたの心と行動が一致していなかったことを意味しているようです。

　では、なぜ大人になってもこのような夢を見るのか。それは、今の生活が、悔いの多かった小学校時代に似ているからなのではないでしょうか？　人生はあなただけのもの。自分なりに一生懸命に駆け抜ければ、仕事でも、恋愛や友情においても、必ず充足感が得られるはずです。そして今後の結果は努力次第でいかようにも変わります。今を精いっぱいに生きることが、過去からの「思いぐせ」を克服する方法なのです。

アルバムをなくす
キーワード

夢

恋人へのやきもちの結果、アルバムをなくしてしまいます。

恋人にやきもちを焼く夢を見ました。彼が女友達ばかりをかまい、私に見向きもしません。すねて家に帰ると、部屋が荒らされていました。机やベッドは斜めになり、物が散乱していましたが、なくなったのはアルバムだけでした。それは小学校時代の皆勤賞の賞品で、なぜかそれだけがないことにすぐ気づきました。自分の写真を誰かが見ていると思うと、いたたまれない気分です。ふと気づくと隣に彼がいて、状況を告げるところで夢は終わります。

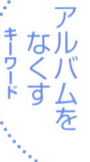

回答

ひとつの失敗で人格は否定されません。恐れずに人生経験を積みましょう。

「部屋や家具」は、持ち主の「人格」を表します。それらが荒らされる夢を見るのは、あなたが自分のテリトリーを侵されることを過度に恐れているからでしょう。

過去にトラウマがあり、それが原因であなたは被害妄想を抱えるようになったのかもしれません。恋愛にしても、少しでもうまくいかないと自分が全否定されたような捉え方をしていませんか？　その怯えから、恋人に裏切られたり、自分の内面を他人に覗かれることに恐怖を感じているようです。

また「アルバム」は重要なキーワードで、「今までの人生すべてを映し出したもの」です。夢の中でそれをなくすのは、やはりあなたが過去を否定されることを恐れているからなのでしょう。しかしこの夢は、裏を返せば、守護霊からの「人生に失敗はない」というメッセージでもあるのです。過去の行いは、形として見ることはできなくても「経験」として残ります。そのうちの「失敗」も、人生の肥やしとして今後に活かされるのです。恋愛とて同じで、失敗なくしては真の愛を知るには至りません。恐れず前進しましょう。

夢の種類
メッセージドリーム

異性になって戦う
キーワード

夢

かっこいい男性になって、悪者を次々と倒していくんです。

私は夢の中で、母性本能をくすぐるような、かわいいようでかっこいいルックスの男性になっていました。その姿で、まるで映画のように空を飛んだり、透明人間になったりもできるのです。そこはまるで未来のような世界でした。

そして、悪者なのか、ただ自分が嫌いな相手なのかはわからないのですが、とにかく次々と男たちを倒していきます。ひょっとすると殺してしまったのかもしれません。細かいところまでは記憶が定かではないのですが…。

回答

あなたが男性だった前世の記憶かも。また守護霊からの警告でもあります。

夢で、性別や外見のまったく違う「誰か」になるのは前世の記憶の可能性があります。睡眠中のあなたの意識と前世の記憶とがプラグでつながったようです。夢から覚めてもルックスを具体的に記憶しているのは、やはりそれが自分の前世だったからでしょう。また、未来のように感じたのはスピリチュアル・ワールドの風景です。空を飛び、透明人間になったのは、たましいがスピリチュアル・ワールドで体験した記憶で、さらに蘇った前世の記憶と交錯しています。なかなか複雑でユニークな夢です。

男たちを倒していたシーンも前世での経験だと思われます。あなたは前世では動乱の世にいて戦闘中だったのかも。あるいはちょっとした喧嘩だったのかもしれませんが、いずれにしてもこの場面が夢に現れたことには大きな意味があります。あなたには、前世から受け継いだ「血気盛んな一面がある」ということ。そしてその性格が災いし「大きな失敗をするかもしれない」ということを警告しているのです。頭に血が上りそうになったときはこの警告を思い出し、冷静さを取り戻しましょう。

井戸に落ちる
キーワード

夢

底なしの井戸に落下する、真っ暗で怖い夢です。

私は「暗闇に落ちる」という夢をよく見ます。とても真っ暗な、底がどこにあるのかもわからない井戸のような空洞の中を、ただひたすら落ちていくんです。そして夢の途中で、落ちていく感覚と暗闇が怖くなって目が覚めます。私以外の人物は出てこなくて、何か具体的なものを示す場面もなく、ただ落ちていくだけです。またときどき見る似たような夢は、やはり真っ暗な空間で、他には誰もいないのになぜか「自分だけ置いていかれた」ように感じるものです。

回答

スピリチュアルな夢の「臨死体験」で、心理状態を映し出した光景といえます。

これは死後の世界に迷い込む「臨死体験」で、「ソウル・トリップ」の一例です。睡眠中のたましいが幽界に迷い込んだだけで、実際の死とは関係ありません。

臨死体験にはさまざまな例があります。「美しい花畑にいる」「三途の川を渡る」などはよく耳にしますが、その他に「暗い空洞を落下する」「暗闇を迷っている」というものもあります。その違いは、夢を見る人の「心の波長」と関係します。あなたの臨死体験が、なぜ花畑のような幻想的な光景ではなく、怖いものだったのか。おそらく、それは今の心理状態が沈んでいるからなのでしょう。悩みや迷いを抱えて「心の波長」が低くなっているため、暗い世界に迷い込んだのです。

あなたにこのような臨死体験をさせたのは、守護霊の意図でもあります。怖い夢を見させることで、波長を高めるきっかけを与えようとしています。もやもやと悩みを抱えたまま毎日をやり過ごすのではなく、強い、明確な意思を持って行動しましょう。そうすることでたましいは磨かれ、「心の波長」もおのずと向上していきます。

夢の種類
ソウル
トリップ

宇宙を漂う
キーワード

夢

宇宙を漂っていると、分厚い鉄板が目の前に…。

子供の頃からずっと見ていて、大人になった今でもよく見る夢の意味について教えてください。夢の中で私は宇宙を漂っています。すると突然、ものすごく大きく、とても分厚い鉄板のようなものが目の前に現れるのです。そして、私はとても怖くて仕方がなくなります。また、そのときは体も動かせないのです。夢の中の画面の端っこには「さくらんぼ」のような鈴が浮かんでいて、そこになぜか私は手を伸ばして助けを求めようとしてるんです。

回答

変化自在な守護霊が「壁」となって、たましいの暴走を食い止めています。

繰り返し見る夢はメッセージ性が高く、たびたび現れる同じシンボルは当然重要な意味を持ちます。宇宙を漂っているのは、睡眠中にたましいが「幽体離脱」をしたためです。本来はそのままスピリチュアル・ワールドへと旅立つのですが、あなたのたましいは途中で迷子になっています。それは、健康が不安定な状態で、たましいの

波長も低くなり、スピリチュアル・ワールドの高層部にたどり着けなかったためでしょう。「分厚い鉄板」のようなシンボルは、守護霊の化身です。じつは守護霊はあなたのたましいが暴走しないように止めていたのです。また、「さくらんぼ」のような鈴は、スピリチュアル・ワールドの高層部への「道しるべ」のようです。

この夢は守護霊からの「健康に注意」のメッセージと受け止めてもいいでしょう。どうもあなたは体調の良いときと悪いときの差が激しいようです。不摂生は将来的に大きな病気の原因にならないとは言い切れませんから、食事、睡眠などの生活習慣を見直したり、まめに検診を受けるなどして、心配りをしましょう。

海に沈む
キーワード

夢

美しい海に沈んでいく私を、誰かが助けてくれました。

きれいで穏やかな海の中にいて、魚などの生き物の気配はありませんでした。自分の吐き出す呼吸の音だけが聞こえていて、海中をゆっくりと沈んでいきます。そのときに恐怖感はなく、むしろ「こんなにきれいな海ならこのまま死んでもいい」と思うほどです。ふと海面を見上げると、知らない人が私を助けようと、こちらに向かって潜ってくるのがわかりました。目が覚めた後も、思い出してはぼんやりしてしまうほど、海の青さと美しさが印象に残りました。

回答

精神的にも肉体的にも疲れていて、スピリチュアルな世界で癒されたのでしょう。

そのときの心理状態を映し出した「思いぐせの夢」に比べて、「スピリチュアル・ドリーム」のほうが、よりカラーが印象に残るという特徴があります。この夢は、たましいの旅の途中で見たスピリチュアル・ワールドの風景でしょう。

目が覚めてからも夢の美しさを忘れられなかったのは、たましいがスピリチュアル・ワールドで癒された証です。海に深く沈んでいったのはたましいが肉体に戻る過程にいたから。また、目撃した人物は、あなたの旅を見守っていた守護霊でしょう。スピリチュアル・ワールドは本来的には実体のない世界です。しかし、人間は感じたものを自分なりのイメージに置き換え、夢として映像化します。あなたにとってはそれがたまたま「海」であり、「潜ってくる人」だったということです。

精神的にも肉体的にも疲れていて、癒しを求めていたのでしょう。目覚めた直後はだるくても、2〜3日たつとたましいと肉体がしっかり結びつき、元気が出たはずです。「スピリチュアル・トリップ」は健康状態を知る夢でもあることを覚えておきましょう。

エレベーターが
揺れる
キーワード

夢

エレベーターが左右に揺れる夢を、10年前からよく見るように…。

約10年前からたびたび見るようになった、大きな建物の中を歩き回る夢です。散々に迷った後に私はエレベーターに乗ります。ガラス張りで、夜景がとてもきれいに見えるエレベーターです。でも上昇しているのか下降しているのかはわかりません。すると、高層階でエレベーターがブランコのように左右に揺れ、乗っている人々は悲鳴を上げるのです。かなりの恐怖感でした。似たようなバージョンで、大型客船が片側に傾き、海に落ちそうになる夢も見ます。

回答

「揺れ」はあなたに対する周囲の嫉妬心。でも恐怖心を抱くべきではありません。

夢の中でエレベーターや船などの乗り物に乗るのは「事が収まる」「努力の結果が報われる」ことを象徴します。そして「揺れ」「傾き」は人の悪意です。成功をねたみ、邪魔しようとする誰かが存在することを暗示しているのでしょう。

あなたは最近、恋人ができたり、大きな仕事を成し遂げたのではないでしょうか。そして、自分に嫉妬心を抱く人物にどう対処したらいいのか、と悩んでいるのかもしれません。夢を見始めた10年前にも、やはり他人のジェラシーを招く出来事に遭遇していた可能性があります。

この夢にはあなたの「恐怖心」が浮き彫りになっています。先生に絵をほめられたとき、友達に「ずるい」と嫌みを言われた…というような、幼い頃のちょっとした出来事がトラウマとなり、嫉妬に対して強い恐怖を抱くようになることがあります。守護霊は、今のあなたにもその傾向があり、恐怖心を克服するようにメッセージを伝えているのです。努力した上での成功なら、他人の言葉を気にせず、素直に喜びを表現するほうがかえって反感を招きません。

夢の種類
メッセージドリーム

キーワード
閻魔様

夢

小さな男の子に手を引かれて暗闇を歩くと、そこには…。

20歳ぐらいの頃に金縛りに遭い、解けた直後に不思議な夢を見ました。私は小さな男の子に手を引かれて暗闇を歩くのですが、やがてその子は私を置き去りにして、明かりの差すほうへと向かっていきます。すると、誰かがいて、私のことを話しているようです。耳を澄ますとなんと閻魔様で、私を「地獄に落とす」と言っています。男の子が取りなしてくれ、閻魔様が「今回は見逃そう」と言った瞬間に目が覚めて、その夢以降は金縛りに遭わなくなりました。

回答

家族との関係に問題があったのでは？閻魔様から救ってくれた男の子に感謝して。

精神的に疲労が蓄積していると、たましいはスピリチュアル・ワールドの下層部に迷い込み、暗くて怖い夢を見ます。また、金縛りもコンディションが悪いときに起こりやすいものです。

あなたを導いた男の子は実在した人物で、今はお亡くなりになったようです。ひょっとすると親戚や近しい間柄に、幼くして亡くなった男の子がいたのかもしれません。あなたのことを語っていた「閻魔様」は家族の象徴でしょう。20歳頃、家族との関係がうまくいってなかったのではないでしょうか。その原因に、多少あなた自身のわがままもあったのかもしれません。「私にも悪いところがある」という思いから、家族が「閻魔様」のイメージに映し出されたのでしょう。

このように夢とは、人間の心理を映し出し、ときには霊的な現象も混在させるような、とても奥深いものなのです。当時の不安定な状態を振り返り、自分の内面や家族との関係で直すべきところは改善しましょう。そして夢の中で守り、救い出してくれた亡き男の子に感謝してください。

夢の種類 ソウルトリップ

お面
キーワード

夢

前日に見た夢が現実に。これって予知夢でしょうか？

以前に勤めていた会社でアルバイトをすることになったのですが、久しぶりの出勤の前日にこんな夢を見ました。会社に着くと以前に比べてだいぶ散らかっていて、私は驚きながらも掃除を始めます。掃除中にふと壁を見上げると、そこには般若の面がありました。私を見ているようで怖くて後ずさりをしながらも「こんなところにお面があったんだ」と思いました。そして翌日、出勤すると、なんと夢と同じように本当にオフィスが散らかっていたのです！

回答

かつての職場だからとて油断は禁物。人間関係にトラブルの兆しです。

「オフィスが散らかっていた」という一致は予知夢の証です。あなたが霊的なインスピレーションで守護霊からの忠告を感じ取ったのでしょう。年齢が若く、感受性が豊かな人ほど、こういった予知夢を見る可能性は高くなります。

夢の「お面」は「人間」を象徴しています。おそらくあなたは人間関係にまつわるトラブルについて、夢の中で事前に何かを察知したのでしょう。かつて勤めていた会社ですから、同僚との関係には多少の馴れ合いが生じるはずです。しかし、以前のように同僚に接すると、思わぬ争いに発展する危険性がありそうです。あるいは複雑な人間関係の狭間に立たされ、板挟みに苦しむのかもしれません。

せっかく予知夢を見たのですから、ここはひとつ、職場の環境について新たな視点で観察をしてみてはいかがでしょうか。そして、馴れ合いから生じる自分の無防備な態度や言動を逆手に取られ、理不尽な攻撃を受けないように気を引き締めて挑みましょう。そうすることで、今までとは違った人間関係を築くことができ、仕事の楽しさも再発見できるはずです。

夢の種類
メッセージドリーム

夢

不安定な階段を恐る恐る…。高所恐怖症のせい？

キーワード 階段を上る

私の夢には不安定な階段がよく出てきます。隙間から下が見える階段や、腐った木でできた階段などです。それも、とても高いところまで上らなくてはならなかったりします。いつも手すりにしがみついて恐る恐る上っていくのですが、不思議なことに一度も落ちたことはありません。また、なぜか下りる場面は出てきません。「落ちそう、怖い！」と思いながら上っていくシーンだけ。もともと高いところは大嫌いなのですが、苦手意識の表れなのでしょうか。

回答

実力を発揮できない自分や、社会に対する不安が感じられます。

階段の夢を見た時期を思い出してください。その時どきの心理状態に共通点があるはずです。「階段」は「社会」の象徴で、不景気や何かと物騒な社会に不安を抱く人が「不安定な階段」の夢を見る傾向があるようです。あなたの場合は頻度が多いので、とくに自分にとって身近な「仕事」に対する不安ではないでしょうか。例えば現在勤めている会社の経営状態を不安視していませんか？　あるいは仕事上のミスが重なり、「職場で必要とされなくなるかも」「この会社で生き残れない」などという「思いぐせ」を抱えているのかもしれません。実力を試される機会のたびに「恐れながら階段を上る」という夢を見てはいないか、一度振り返って考えてみてください。

仕事に不安を抱いているのはあなただけではありません。それに仮に会社が破綻したとしても、あなたの人生までムダになるわけではないのです。不安定な時代だからこそ「自分さえしっかりしていれば大丈夫」と構えられる強さは大切です。また、そう自信を持って言うためにも、日頃から自分を高める努力を怠らないでください。

キーワード
学校をさまよう

夢

卒業した学校をさまようけれど、知り合いはひとりもいません。

何か月も前からしょっちゅう見る夢です。私はひとりで真夜中の学校をさまよっています。夢の舞台はいつも自分の卒業した学校なのですが、その時どきで小学校、中学校、高校だったりします。夜間にもかかわらず学校には生徒が大勢いて、元気に騒いでいるのですが、その中に私の知り合いは誰ひとりいません。それに、生徒はみんな私に気づく様子もありません。その後もひとりで、学校やその周辺をさまよい続けます。暗くて、とても嫌な雰囲気の夢です。

回答

学生時代からの悩みの連鎖が、今もあなたを苦しめています。

あなたは小学生の頃から高校生になるまで、一貫して同じ悩みを抱えていたようです。それは現在までも続いていて、いつも同じことが原因で失敗をしてしまうようですが、自分では理由がまだわかっていないのでしょう。もしくは気づいているのに認めたくないのかもしれません。そのように絶えず悩ませている何かが「思いぐせ」となり、夢の内容として表れているのだと思われます。

例えば、小学校に通っているときから子供なりに人間関係で苦しんでいたのかもしれません。そして今でも対人関係でトラブルを抱えていて、そのことがいつも仕事でつまずく原因となり、無意識に「またか」と嘆いているのでしょう。不思議なことなのですが、人間は、たましいで感じているはずのことを頭や体で理解するのが難しい生き物なのです。

あなたのたましいは「悩みにそろそろ立ち向かおう」と、あなた自身に呼びかけています。それで、学校の風景を夢の中に呼び起こしていたのです。真実に向き合うことを恐れず、克服の方法を探してみてください。

蛾の群れ
キーワード

夢

白い蛾がたくさん発生！姉妹で同時期に見たんです。

家のベランダに出ると、知らない間にたくさんの大きな石が並べられていました。「誰がこんなことを？」と驚いていると、今度はベランダにたくさんの白い蛾が発生しているのを発見します。そして、私がただ困惑している場面で

夢は終わりました。じつは、同時期に妹も同じような夢を見たんです。私と妹がテーブルに向かい合って座っていると、大きな黒い蛾が一匹飛んできて、2人で「どうしよう」と困惑している場面でやはり夢は終わったそうです。

回答

身内の健康に「要注意」のサインです。早めに対処をするようにしましょう。

「石」が意味するのは「障害」です。誰かが病気になる、家の防犯上で問題が生じるなど、あなたの家族に何か障害が発生する可能性があります。そしてこの夢のケースでは病気の可能性が高いようです。それを示すのが「蛾の群れ」で「大勢の人が群がる」ことを表します。その蛾が白ということは「医者の白衣」が連想されるでしょう。さらに石の「障害」と結びつけると、その病気が、多くの医師が治療に携わるような大病の可能性があります。妹さんの夢に出てきた蛾が黒色だったということからも注意が必要です。

守護霊があなたと妹さんに「家族か親戚の誰かが病気を患うかもしれない。気をつけなさい」と警告のメッセージを送ったのでしょう。あなたの身にも危険が降りかからないとも言い切れません。規則正しい生活を心がけ、きちんと健康診断を受けるなど、体調を管理しましょう。メッセージを受けたのは、絶対に避けられない事態が待っているからではなく、未然に防ぐためです。早めに警告を受けたことを幸いとし、家族それぞれが健康に気をつけてください。

夢

髪に絡まる双頭のカラスの夢。恐怖で泣きじゃくっていました。

友人と一緒に自転車で走っていたところ、頭上に鳥が落ちてきました。鳥の足が髪の毛に絡まり、振り落とそうとしても落ちなくて、私は怖くて泣いていました。友人の手助けでどうにか絡まりをほどいたら、それは包装紙に包まれ、

羽の自由を奪われたカラスでした。頭が2つ見えていたので2羽いるものと思ったのですが、包装紙を破り空に放ったところ、頭を2つ持つカラスでした。空の彼方に消えていった後も、恐怖と安心感から泣きじゃくっていました。

キーワード カラス

回答

カラスは霊界からの使者であり、あなたの化身。打算的な自分を見直す機会と考えて。

スピリチュアル・ワールドの下層部は、悩みやストレスを抱えたたましいが睡眠中に集まってくる世界です。あなたの夢も、その下層部に「ソウル・トリップ」したもので、「たましいが不健康な状態なので注意しましょう」というメッセージが含まれています。

この夢での注目すべきポイントは「カラス」です。カラスは「霊界からの使者」であり、夢の中では同時にあなたのたましいの「化身」も果たしています。頭が2つあるのは、「打算的な面がある」という意味で、包装紙に包まれていたのは「あちこちにいい顔をしているとやがて八方塞がりになる」という守護霊からの警告でしょう。自分の内面に「右と左、どっちが得？」とずるい計算を働かせる傾向があることに気づいていませんか？ また、そんな現状から自分を解き放ちたいと願っているのではないでしょうか。それゆえ、あなたの化身のカラスを空に放ったときに安心感を得たのでしょう。たましいの「ソウル・トリップ」という経験をきっかけに、自分自身の内面としっかり対峙しましょう。

夢の種類
ソウル
トリップ

キーワード
唇を噛まれる

夢

唇に海老が食いつきます。奇妙な夢で忘れられません。

口の周りに海老がたくさん食いついている奇妙な夢を見ました。何十尾も、唇に隙間なくです。色は赤で、ちょうど甘海老くらいの大きさで、殻つきでした。その海老たちはまだ生きているらしく、唇にしっかり食いついていました。

上唇も、下唇にもです。でもなぜか痛くはありませんでした。自分で夢占いの本などを読んでみたのですが、こんな夢の解説はありません。理由がまったくわからず、気になっているので、ぜひこの夢の意味を教えてください！

回答

海老は唇の乾燥注意報かもしれません。また深層心理に悩みが潜んでいるのでは。

突拍子のない、おもしろい夢にも、じつは深い意味があるのです。あなたの夢からは2つの要素を読み解くことができます。まず「肉の夢」です。唇は乾燥しがちですし、おそらくあなたも睡眠前に唇の乾燥が気になっていたのでしょう。唇が荒れ、赤く、カサカサな状態から「殻つきの赤い海老」と連想したのだと思います。

そしてもうひとつの要素は「思いぐせ」です。夢の中で体のひとつの部位に焦点が当てられていたら、それがトラウマや悩みを暗示する可能性があります。あなたの場合は唇ですから、口にまつわる「思いぐせ」があるのでしょう。

あなたは言葉の問題で何か不安を抱えているのではないでしょうか。例えば「また余計なことを言ってしまった」と、失言の多い自分にいつも後悔していませんか？ あるいはみんなの話題についていけずに寂しさを感じたり、そういった鈍さのために自己嫌悪に陥ることがあるのかもしれません。

「思いぐせ」の夢を見るのは自覚を促されているときですから、深層心理にある悩みから逃げずに、解決の糸口を探してください。

夢の種類
肉の夢＆思いぐせの夢

夢コラム❷

夢日記をつけましょう

1年間は書きため、読み返すことで、
ようやく夢の解釈ができるように。

正しく夢を解釈するためには夢日記を書くのが一番です。夢のストーリーやシンボルは奇想天外ですから、記憶にのみとどめておくのは難しいもの。起きてすぐ、できるだけ感じたままに夢の内容を書き、自分の分析や感想も添えます。この作業を最低1年は続けると、守護霊が伝えようとしているメッセージが浮かび上がってくるはずです。また、ふと思いついたときに読み返すと、過去の夢から、自分の悩みの思わぬ原因や進むべき方向へのヒントが見つかることがあります。占いと違って、夢を見た日にインスタントな答えが出るわけではないのです。予知夢でも10～20年先を予言していることがあるくらいですから、長い年月をかけて日記に綴り、地道に分析することで「夢解釈の達人」になりましょう。

夢

片方の靴がなくなり、誰かに追われています。

　買ったばかりのブーツの片方が見つからなくなり、まったく知らない靴屋さんの中を捜し回っていました。ようやく靴が見つかって、お店の外に出ると、今度は高校生くらいの男の子にしつこく言い寄られます。しだいにひとりでいることが怖くなって、仲の良い女友達に電話をかけました。さらに夢の中で私は、何者かはわからないけれどとにかく追いつめられていて、「これから危険なことが起こりそうだ」とビクビクしていたことも覚えています。

キーワード
靴をなくす

回答

ストーカー、悪徳セールスの危険信号！主体性を持って判断、行動しましょう。

あなたは今、自分の判断や行動に注意を払う必要があります。なぜなら、「靴をなくす」夢は「足止め」につながるからです。歩くための靴が見つからないのは、進路を妨げる何かが差し迫っていることを意味するのでしょう。

あなたを脅かす人物が夢のように高校生とは限りません。ただ男性の可能性は濃厚で、そのため恋愛にまつわるトラブルである確率も高いでしょう。例えば、不用意に男性に気を許すと相手がストーカーに豹変するような事態が考えられます。好意を持っていない男性との接し方には注意しましょう。また恋愛以外では悪質なセールスや勧誘の場合もあります。どちらにしても、安易な判断は禁物です。

またこの夢はあなたの性格的なウィークポイントもあらわにしています。夢の中でとっさに友達に電話をかけたように、いざというときの判断を他人に委ねる傾向があるようです。この夢はトラブルが近づいていることへの警告であり、一方「自分で判断する勇気を持つべき」という教訓も含まれています。今後は主体性のある判断、行動を心がけましょう。

キーワード
蜘蛛に
襲われる

夢

大きな蜘蛛に追いかけられたり、連夜の悪夢が気になります。

ある日、屋根の上に大きな蜘蛛がいる夢を見ました。そして翌日にはその蜘蛛に追いかけられる夢を見ました。その他には、奥歯がどうも虫歯だったようで、自分の手で引っ張って抜くという夢も見ました。立て続けになんとなく不気味な感じのする夢を見るなんて、とても怖いです。また、順調にいっているはずの彼氏と別れたり、振られたりする悲しい夢もときどき見ます。これらの悪夢の内容に何か深い意味があるのなら、ぜひ教えてください！

回答

彼はあなたに本当に必要な存在ですか? 守護霊からのメッセージが込められています。

それぞれの夢はつじつまが合わないようで、じつはある共通のスピリチュアル・メッセージが込められています。それは今の恋人があなたに合わないのかもしれない、もしくは彼に悪行がありそうだということです。蜘蛛のような気味の悪い虫に襲われるのは「吸い尽くされる」「蝕まれる」を意味します。恋人にお酒の悪癖やギャンブル好きの一面はありませんか?

あるいは、お互いの性格に不一致があったり、道ならぬ関係で苦しんでいるのかもしれません。ひょっとすると、あなた自身も心の底では「この彼とは長く続かない」と気づいているのではないでしょうか。しかし、恋人を失うのが寂しくて、現実に目を向けていないのでしょう。

また、みずから歯を抜く夢には「自分の力で解決しなさい」という守護霊からのスピリチュアル・メッセージがあります。守護霊は、恋人を強引に引き裂くようなことはしません。どうすることがいちばん良い結果になるのかを自分で考えなさい、と諭しているのです。恋人との関係をいま一度、振り返ってみましょう。

夢の種類
メッセージドリーム

恋人が別の女性と結婚
キーワード

夢

私とは正反対の女性と結婚！そして彼と私はなぜか愛人関係に。

付き合っている彼が、私とはまるで正反対の顔と性格の女性と結婚してしまう夢です。そして、私は彼と愛人関係になります。しかもとても強気で、妻の留守中に彼の家に遊びに行ったりします。妻がひとりでいる時間を見計らって「忘れ物を取りに来た」と乗り込んだりも。彼女は諦めたような悲しげな表情でした。その顔ははっきり覚えていますが、まったく知らない人です。彼に夢のことを伝えると「俺に不満があるの？」と言われてしまいましたが…。

回答

自分に自信が持てない「愛されベタ」が、トラウマとして映し出されています。

この夢からはあなたの「私は愛されていない」というトラウマが伝わってきます。それが「思いぐせ」となって、別の女性に彼を奪われる夢を見たのでしょう。

あなたは自信が持てない「愛されベタ」なタイプのようです。自分とは正反対の女性に恋人を奪われるのではないか、といつも怯えているのでしょう。そのために、かえって彼を束縛していませんか？

また、自分が強引につなぎとめているから関係が続いていて、「彼はもう私を愛していない」と思い込んでいるのではないでしょうか。夢とは、そういった強迫観念を鏡のように映し出すものなのです。

姿なき敵に嫉妬しているようでは、かえって彼の心は離れてしまいかねません。それよりも自分の美点を磨き、それを彼に認めてもらえる努力をすることです。「愛されていない」と感じるうちは、相手を本当に愛しているとはいえません。玉砕への恐れは自分が傷つくことへの恐れであり、あなたは恋人より自分を大事にしているということになります。自分の心が本当に彼に向かっているのか、よく考えてみましょう。

氷を吐き出す
キーワード

夢

口から出てきたハートの氷。老夫婦と一緒に涙します。

私はひとりで店番をしながら接客をしています。途中で飲み物を飲んで口に氷を含んだときに、舌の上で何かを感じたので氷を口から出してみると、氷がハート形をしていました。その氷を見せるためにお店にいた老夫婦のもとに駆

け寄って、「これをどうぞ。ぜひお願いします」と言うなり、私は泣きはじめました。泣きじゃくっていると老夫婦は「ありがとう。本当に優しい子になったよ」と肩を抱いて泣いてくれました。起きたときも涙が止まりませんでした。

回答

「ハート形の氷」はあなたの言葉です。大切な人に本心を伝えていますか？

口から出てくるものは何であれ「言葉」を表し、「ハート形の氷」は「あなたの言葉」を象徴しています。氷は冷たいもの。つまり、あなたの発する言葉には少し冷たさがあり、そのことについての自覚はあるのでしょう。本当は優しい女性なのに、本心とは違うことを口にした後で「どうしてあんなことを言ったのだろう」と悔やむことが多かったり、「私の言葉は表面的には冷たくても本当はハートがこもっている」と無言で訴えているようです。その「思いぐせ」が夢の内容に反映されています。

「老夫婦」は、「あなたの家族や大切な人」の象徴です。あなたは本当は大好きな人に対してなぜか素直になれず、ついへそ曲がりなことを言ってしまうのかもしれません。しかし「本心を理解してほしい」という思いがあり、夢のように「優しい子になった」という言葉をかけてもらいたいのでしょう。

その夢を、自分の力で現実のものにしましょう。素直な気持ちで、つねに相手を思いやった言葉を投げかけるよう心がけてください。大切な人からも理解を得られるようになるでしょう。

夢の種類
思いぐせの夢

夢

雪解けの道で小銭を拾う夢を、私も妹も見るんです。

キーワード 小銭を拾う

昔から、忘れかけた頃に見る夢です。雪が解けた春に、歩道を歩いている自分がいます。その歩道脇の土の中に、少し埋もれた小銭を1枚発見します。ところが実際にはそれは1枚ではなく、周りにもたくさん落ちていて、湿った土で汚れた小銭を拾っているうちに手では持ちきれなくなってしまいます。その後はどうなったのかまったく覚えていないのですが、この夢を妹に話したところ、じつは妹も私と同じような夢を見たことがあると言っていました。

回答

長い苦労が終わり、幸福が訪れる兆し。夢を叶えるチャンスに恵まれるでしょう。

夢を通じて、あなたは長く苦労をしてきた人ではないかということがわかりました。そんなあなたにも春が訪れようとしています。守護霊が「幸福のときが近づいている」とメッセージを伝えています。「雪解け」という情景は「苦労が終わろうとしていること」を表します。そして拾った「小銭」は「何か大きな夢を叶えるチャンス」です。小銭が手に溢れるほど見つかったのは、チャンスが次々に訪れるという意味でしょう。湿った土で汚れていたのは、新しいことのスタート時に人間関係のトラブルが生じる可能性を示唆していますが、それもやがては解消されます。多くの仲間があなたを支えるようになるでしょう。

親しい間柄の人と同じ夢を見るのはよくある現象です。それぞれのたましいがスピリチュアル・ワールドで交流した場合と、守護霊が共通のメッセージを送っている場合とがあります。この夢はおそらく守護霊が「姉妹で協力すると良い結果が得られる」と伝えているのでしょう。もし胸中に何か計画があるのなら、いつの日か行動を起こすとよいでしょう。

夢

膝の上に子供を乗せて、ゴミの山を滑走しています。

最近、こんな不思議な夢をよく見るのです。私は「夢の島」のような大きなゴミの山の中にいます。そしてなぜかいつも小さな子供を膝の上に乗せて、ゴミの山の中にある長い滑り台を、ゴムチューブらしきものに乗って滑っていくのです。その子供は男の子だったり女の子だったり、日によって違っています。また、いつも滑り台のゴールにたどり着くことなく、途中で目が覚めてしまうのです。しょっちゅう見る夢なので、どんな意味があるのか気になっています。

キーワード
子供とたわむれる

回答

亡くなったお子さんと面会しているのか、子供にまつわる事件への危機感でしょう。

子供とたわむれる夢を見た理由は2つ考えられます。ひとつは、身内に亡くなったお子さんがいて、その子とスピリチュアル・ワールドで面会をしている、ということです。夢の中で故人と面会するのは珍しいことではありません。お子さんはスピリチュアル・ワールドでちゃんと生きていて、夢の中であなたに遊んでもらうことを楽しんでいるのですから、「幼くして亡くなってかわいそうに」と深く悲しむことはありません。

もうひとつの理由は、子供にまつわる事件に関心がある、ということです。幼い子を狙った事件が多発していることに危機感を抱いているのかもしれません。それを示すのが「ゴミの山」で、あなたは社会が子供にとって、とても危険な「ゴミの山」のようだと感じているのでしょう。そんな思いがあるから、スピリチュアル・ワールドで癒されているときに、子供と接する機会が多くなっていると考えられます。いずれにしろ、幼い子供たちと強い絆があるようですから、子供に関わる仕事やボランティアなどを始めてみるとよいのかもしれません。

キーワード
小鳥

夢

ピンクの小鳥を捕まえると、必ず眼が取れてしまうんです。

これまで何度も見ているのですが、きれいなピンク色のふわふわした小鳥を捕まえる夢です。とてもおとなしくて、すぐに捕まえることができます。でも捕まえた後に必ず小鳥の眼が取れてしまって、私はいつも慌てています。最近の夢では、小鳥の眼にゴミがついていたので、かわいそうになってふうっと息を吹きかけました。すると、やはり眼が取れてしまったのです。このピンクの小鳥の夢にはいったいどんな意味があるのか、ずっと気になっています。

回答

小鳥は別世界に憧れるあなたの姿です。遠い世界にばかり思いを巡らせてはいませんか？

小鳥のような「飛ぶもの」は「夢や希望」の象徴です。そして夢に出てきた、ピンク色でふわふわとした小鳥には「夢見がち」なあなたの姿が投影されています。

あなたの化身である小鳥の眼が取れるのは「先々のことを見ようとしていない」という守護霊からのメッセージです。これまで、学校を卒業し、働きはじめ…と穏やかな人生を歩んでこられたのでしょう。しかし最近になって自分の現状に疑問を抱きはじめ、まったく違う世界へと憧れをつのらせているのではないでしょうか。テレビや雑誌の中のタレントと比べたり、異なるジャンルの仕事を持つ友人をただ闇雲にうらやんでみたりしていませんか？ またその人たちにもし自分がなり代われたら…と非現実的な想像をしているのかもしれません。

人生の飛躍を望むのはすばらしいことです。しかし、現実から遠い世界にばかり思いを巡らせていても、将来に実を結びません。今の自分ができることを着実にこなすことが、夢を叶える最良の方法なのです。日々の現実から目をそらさず、一歩一歩進みましょう。

夢の種類
メッセージドリーム

キーワード
ご飯に髪の毛

夢

大量の髪の毛がご飯の中に！悪いことの前触れですか？

2度も見たことのある夢なので、悪いことがある前触れなのではないかと気になっています。ご飯を炊くと髪の毛が混ざっているのです。それも大量に！　白いご飯に、まるで混ぜご飯のように髪の毛が入っていて、私は一本ずつ抜きながら食べていきます。集めた髪の毛は束になるほどのものすごい量で、ゾッとしたのを覚えています。1度目はそれほど長い髪ではなかったのですが、2度目の夢では結構長いものでした。すごく気になるので、理由が知りたいです。

回答

髪の毛が食事に混入するのは、理想と現実にギャップがあるためです。

「髪の毛」は「インスピレーション」を表します。あなたは心のどこかで新たな才能を得たいと願っているのでしょう。自分にない感性を強く求める気持ちが「思いぐせ」となって映し出されています。

しかし、あなたの思いは現実では空回りしているようです。それが「ご飯に髪の毛」という夢の内容から判断できます。「ご飯」は働いて食べていくという「経済的な営み」の象徴。そこに髪が混入し「ゾッとする」というのは、あなたが望む才能が実生活には結びつかず、職業として成り立たない予感がしていることを示唆しているのです。すでに技術や資格を得るための勉強を始めているのかもしれません。しかし、思い描く理想が現実味を帯びてこず、強い不安を感じているのでしょう。

だからといって、希望が叶わないわけではありません。ひょっとすると、守護霊も「もっと必死に取り組みなさい」とメッセージを告げているのかもしれません。今、迷いや不安に負けずに頑張り通せるかを試されているのです。夢を諦めず、そのまま努力を継続しましょう。

夢の種類
思いぐせの夢

キーワード
皿が降ってくる

夢

空からゆっくりと皿が！赤や青のうずまきの謎は？

実家の庭にいる夢です。空からはなぜか皿がゆっくり降ってくるので、私は当たらないように庭の中を逃げ回っています。皿には、赤や青のうずまき模様などが描かれていて、私は「なぜ？」と不思議に思います。それでも次から次へと降ってくる皿を必死によけているのです。この夢の意味がまったくわからず、とうとう1年くらいたってしまいました。ただ、実家の庭や玄関の前にいる夢はなぜかよく見るのです。どう解釈すればよいのでしょうか？

回答

皿は実家から受けた恩恵を意味します。家族との関わり方を考え直してみましょう。

守護霊からのスピリチュアル・メッセージではなく、おそらくご先祖様からのものでしょう。「器が大きい」と表現するように、「皿」は「人間の態度や度量」を象徴するものです。そしてこの夢ではさらに発展的に、あなたが家族から受けた「恩恵」に関わることを意味しているようです。赤や青の模様は、親からの愛情や金銭面など具体的な「恩恵」の内容を表します。皿をよけているのは、ここまで育ててもらいながらも両親に対して「不義理をしている」という思いがあるからではないでしょうか。親戚の集まりに顔を出さなかったり、親に「老後の面倒を見てほしい」と言われて重荷に感じ、実家との関わりを極力避けようとしていませんか？ 内心では、避けてはならないとよくわかっているはずです。でも「まだいいや」と、考えることを先延ばしにしているのでしょう。

ご先祖様は、夢を通じてあなたのことを責めているのではありません。若さゆえのあなたの気持ちを理解しながらも、「もう少し家族のありがたさを感じてほしい」と願っているのでしょう。

キーワード 塩の山を登る

夢

宝の眠る塩の山を登るのですが、途中で諦め、後悔しています。

私はとても高い「塩の山」を登っています。そこには青空が広がっていて、清々しい空気です。山には宝が眠っていて、大勢の人たちがそれを探しています。私は眼鏡をかけた実直そうな男性から、それを手に取って流れ星を見ると願いが叶うという話を聞きます。でも、山は今にも崩れそうで、私は「宝を見つけるのは難しいだろう」と諦めます。そこで目が覚めたのですが、夢なのだから命を落としても進めばよかった、といまだに後悔しています。

回答

塩の山は「浄化」を意味しています。トラウマを克服し、試練を乗り越えて。

今、試練を乗り越えなければならない時期にいるようです。「塩の山」は「浄化」を表します。「過去のトラウマや心の中のつまらないこだわりや偏見を捨てなさい」と守護霊がメッセージを伝えているのでしょう。

周りで宝を探していたのは、おそらくあなたと同様にトラウマを抱え、それを克服しようとしている人々のたましいです。スピリチュアル・ワールドでは、まったくの他人同士でも、共通の念を持っているとたましいが出合うことがあるのです。ですから、眼鏡をかけた男性も現世のどこかに実在していて、いつか目の前に現れ、何らかの形であなたをサポートしてくれる可能性もあるでしょう。

宝探しに加わらなかったからといって「命を落としてでも進んでいれば…」とまで後悔することはありません。この夢を見たのは、じつはあなたにも「トラウマを克服しよう」という決意が芽生えつつあるからなのです。こうして夢の内容を振り返ることでさらに自覚できたのですから、これを良い機会にして、自分のトラウマと真剣に向き合ってください。

夢

森の中、敵に囲まれ大ピンチ。そこへ別の集団が助けに現れます。

キーワード
集団に追われる

森の中を歩いていると、いきなり敵の集団に囲まれて絶体絶命のピンチを迎えます。そのとき、どこからともなく男性が現れて「ここにいたらダメだ！」と私の手を取って走りだします。なんとか敵の集団に追いつかれずに、森のはずれの金網まで逃げました。破れ目から中に入りようやく助かったところ、私を助けてくれた男性の仲間が現れ「助かってよかったね。捜したよ」と言います。しかし金網の外の敵は「そっちにいたら後悔するのに」と言っていました。

回答

情報に振り回されていませんか？ 自分でもそのことに気づいているはずです。

「集団」が表すのは「社会」です。社会情勢の変動しやすい現代では、こういった夢を見る人が多いようです。あなたはある集団に追われ、また別の集団には助けられていますが、つまり、それは「社会に振り回されている」ということで「優柔不断」な性格を示しています。そんな自分の性格に薄々気づいてはいて、「直さなくてはいけない」とも感じているのでしょう。そういった心理的プレッシャーによる「思いぐせ」がはっきり夢に表れているのです。

また、この夢から、今後あなたがどうすべきか、ということを考えてみましょう。情報が氾濫する現代社会で、何が正しいのか判断するのはとても難しいことです。しかし、人の言葉に惑わされすぎてはいけません。これまで自分で培ってきた考え方や哲学を大切にすべきです。

情報社会で、しかも年齢的に若い人ほど振り回されずに生きていくのは厳しいことかもしれません。しかし、仕事でも恋愛でも、悩んだ末に自分で見つけた答えこそがあなたにとっての真実です。本物を見極める審美眼を養いましょう。

夢

男性になっていて、恐怖の収容所から逃亡！

夢の中で私は男性になっていました。そして、青年ばかり収容された訓練所のようなところにいて、そこではみんな生きていくために必要な資料や教材を買っています。他人に見つかるわけにはいかないようで、教官の目を盗んで慎重に一冊ずつ買い集めます。しかし、見つかって追いかけられ、たどり着いたのは屋根の上で、そこから川に飛び込みました。すると周囲の青年が私の体を水に沈めて遊び、最後には私は手足のない骸骨になってしまいました。

キーワード
収容所から脱出する

回答

嫉妬を恐れる「思いぐせ」をきっかけに、たましいが下層部にトリップしています。

　夢から、戦々恐々とした競争社会にいる状況が見えてきます。あなたは仲間の隙を狙ってリードしようともくろんでいるのかもしれません。しかもそれが発覚すると強い嫉妬心を向けられてしまうと思っているのでしょう。

　ネガティブな感情を抱いていると、たましいが幽界の下層部に迷い込んでしまい、夢の内容も魔物に追いかけられるような恐ろしいものになります。あなたは最近、仲間に差をつけるためにずるい手段を考えたり、ライバル心からつい陰口を囁いたことがあるのではないでしょうか。そういった、他人を差し置いても成功したいという「思いぐせ」が、たましいをスピリチュアル・ワールドの下層界に誘った可能性があります。さらに、これは珍しい例ですが、下層部に入り込むときに他の人のたましいと交錯したり、スピリチュアル・ワールドの住人に惑わされて自分の姿を錯覚することがあります。この場合、夢の中で男性だったのはそのためのようです。

　この夢を教訓として行動をかえりみて、今後は地道な努力によって競争を勝ち抜いてください。

キーワード
修理する

夢

元カレの壊れたブレスレット。修理に協力したけれど…。

元カレが「ブレスレットが壊れたから修理に行く」というので、私もその後を追います。すると彼の持っていた木製のブレスレットの玉がポロポロとこぼれ落ちていきます。私は一生懸命に拾い上げ、また彼に付いていきます。アクセサリー屋に到着し、修理を依頼すると「玉の数が足りないけど、どうしますか?」と聞かれます。彼は「新しいものを足して直してください」と依頼。そこで私が「これ!」と拾った玉を差し出すと、彼は「でかした!」と言いました。

回答

ブレスレットは元カレとの関係の象徴。あなたは過去の恋を悔やんでいます。

あなたと彼は、ちょっとした心のすれ違いで別れを選択したのでしょう。それは、若さゆえの結果であり、どちらが悪かったというわけではありません。しかし、あなたは「彼に申し訳ないことをした」と思い続けているようです。「自分はわがままだったのではないか」「彼を振り回していたのではないか」と「思いぐせ」をつのらせているのでしょう。ブレスレットの玉を一生懸命に拾うのは、交際中に果たせなかった「関係修復」の代償行為です。そして手助けをすることで、彼からの温かい言葉が欲しかったのでしょう。また、ブレスレットを修理するようた、ふたりの関係修復に努めてほしかった」という彼に対する不満を、わずかながらも胸に秘めているようです。

時がたってからわかることはたくさんあります。あなたは失うことで初めて彼の大切さを知ったのかもしれません。しかし、どれだけ後悔しても過ぎた事実は変えられません。今後、恋を実らせるためには頭の中でくよくよするばかりではなく、現実面で行動に移すことを忘れないでください。

守護霊《ガーディアン・スピリット》に夢で出会うためには

甘えがあっては守護霊に会うことも、
ヒントをいただくこともできない。

守護霊は姿を持たない存在です。しかし夢の中では、たましいがスピリチュアル・ワールドを訪れて、守護霊に会うこともできるのです。守護霊は私たちに答えではなく「ヒント」を与えようとしています。守護霊の力に全面的にすがろうという「他力本願」では守護霊のヒントを受け取ることができないでしょう。サポートを望む前に、まず心を静めて心境を文章にしましょう。書くだけでも気持ちが整理され、答えが見つかることがあります。守護霊に本当に尋ねるべき悩みが鮮明に浮かび上がったら、「知恵をお貸しください」という謙虚な姿勢で睡眠に入りましょう。

巻末付録 コンタクトレターの使い方①

守護霊は安直な頼み事を受け付けません。チャンスは1度きりと思い、本当の悩みだけを書きましょう。書く時点で念は伝わるので真剣な気持ちで。メッセージを受け取れなかったら、気持ちがまだ整理できていなかったということ。また、守護霊の声は無意識に受け取っていて、行動に反映されていることもあります。

キーワード
手術される

夢

腎臓手術をされていて、メスの音なども鮮明でした。

年配の、眼鏡をかけた白髪の男性医師に「腎臓が悪い」と診断されて急きょ手術を受けることになりました。いざ始まると看護師などのスタッフはおらず、若い女性医師と私のふたりきりです。局部麻酔のようで、周囲の様子やお腹を切る音が自分でもわかる状態でした。そして、女性医師は手術のまっ最中にもかかわらず先ほどの男性医師と交代します。手術の結果、私は腎臓を摘出されました。普段とは違ってあまりにも鮮明な夢だったので気になります。

回答

スピリチュアル・ヒーリングを体験し、夢の中で体調を整えていたのです。

　人にはそれぞれグループ・ソウル（たましいの家族）があります。現世の家族とは異なり、ある意味では家族以上に深い絆で結ばれています。この中に守護霊もいます。その中には医学に精通した指導霊（ガイド・スピリット）がいて、あなたの健康をいつも見守っています。これは「スピリチュアル・ミーティング」の一種で、指導霊が夢の中でスピリチュアル・ヒーリング（霊的な手術）をするという、珍しいケースです。

　この夢を見たとき、あなたはおそらく体調が良くなかったのでしょう。もともと腎臓は強いほうではなく、疲れやすいのかもしれません。だからといって病気を患っているわけではありませんが、無自覚のままでは将来的に大病になりかねないので、指導霊がたましいに手術を施したのでしょう。実際に腎臓に触れるのではなく、病気を未然に防ぐために悪いエネルギーを取り除いたのです。スピリチュアル・ヒーリングは夢の記憶として残らないものですが、それをわざわざ見させたのは、守護霊からの「健康に気をつけなさい」のメッセージとも受け止めましょう。

キーワード
新居を見学する

夢

興味のない新居をなぜか見学。体はふわふわと浮いていました。

私はどこかの一戸建ての新居の見学に伺うのですが、誰の家なのかということまではわかりません。また、私はその夢の中で地に足をつけて歩くことができず、ふわふわ浮いていて、それでもひと通り、部屋を見学します。そしてお風呂場に着くと、なんだかとてもうらやましい気持ちになり眺めています。目が覚めてからも、ふわふわと浮いている感覚は強烈に残っていました。私は家について何の興味もないのに、なぜ見学していたのかとても不思議です。

回答

結婚に対する漠然とした悩みから、「新居」を漂っていたのでしょう。

あなたが興味を抱いているのは家そのものではなく、「新居」が象徴する「結婚や家庭生活」でしょう。それも単純に「結婚がしたい」という憧れではなく、「自分は結婚をするべきなのか」という迷いと考えてよいでしょう。

ふわふわと浮いていたのは、今のあなたが「地に足がついていない」状態であるためなのかもしれません。結婚という道を選択するべきかどうか、漠然と悩んでいませんか？　強い願望があるわけではなく、「年齢的にそろそろ考えたほうがいいのだろうか」と心の奥で迷いが生じているようです。誰もが憧れる結婚なのだから幸福なものなのだろう、でも結婚して本当にうまくいくのか…。そういったさまざまな「思いぐせ」に操られるままに、夢の中で新居をさまよっていたのです。

しかし、ふとうらやましさが湧き上がったように、深層心理では純粋な結婚への前向きな気持ちが芽生えつつあるのです。それなら先を急ぐことはありません。今後は夢の中ではなく現実の面で少しずつ結婚というものに向き合えば、自分なりの答えが見つかります。

好きだった人
キーワード

夢

「好き」と伝えられなかった彼が最近よく夢に登場します。

昔、好きだった人の夢をよく見ます。彼と何か会話するのですが、その内容までは覚えていません。ずっと気になっていて、先日、ついに彼の実家に電話をかけてしまいました。ところがすでに結婚していて、結局お互いに連絡を取り合わないまま。じつは私、気持ちを伝えることなく別の男性と結婚したんです。彼は私の気持ちを知っていたとは思うのですが…。電話したのはやはり間違いだったのでしょうか。また、なぜ彼は夢によく出てくるのでしょう?

回答

想い合う心が、睡眠中のたましいを夢の中で引き寄せ合ったのでしょう。

睡眠中にたましいがスピリチュアル・ワールドを訪れるのは、疲れを癒し、現世で生きていくためのアドバイスを得るためです。また、それ以外に、たましい同士が交流する「スピリチュアル・ミーティング」を行うためでもあります。

あなたは夢の中で、好きだった彼のたましいと遭遇したのでしょう。人を想う心は、時や距離を超えてつながり続けます。そして、心が通い合っていると、テレパシーがたましい同士を引き合わせるのです。テレパシーはあなたが送ったとは限らず、彼のほうからだったかもしれません。成就こそしなくても、ふたりは両想いだった可能性はあります。しかし、すでに違う道に進んでいるということは、現世での縁は終わったと考えるべきでしょう。出会いは「宿命」ですが、それをどう料理するかは「運命」です。つまり彼を選ばなかったのも、あなたの意志なのです。一度はたましいが通い合ったということを美しい思い出にして、あなたも次の道を進んでください。もし悔やまれるなら、それを教訓に、今後は自分の気持ちを素直に伝えることを心がけましょう。

夢の種類
スピリチュアル
ミーティング

夢

脱皮する
キーワード

蛇のように脱皮するんです。驚きと嬉しさを感じました。

とても不思議な夢を見ました。私の胸元から太ももにかけての薄皮が、まるでリンゴを剥くときのようにグルグルと波状に剥けてゆくのです。その皮はとても気持ちが悪く、まるで蛇が脱皮した跡のようです。夢の中の私は驚きと嬉しさ、嫌悪感が混同したような複雑な気持ちでした。でも、どちらかというと、良い印象のほうが強かったような気もします。夢を見てすぐは気にならなかったのですが、ある日を境に突然、頭から離れなくなってしまいました。

回答

「脱皮」は完璧主義の兆しです。過去に囚われ、悶々としていませんか？

「脱皮」は生まれ変わる良い兆候と考えがちですが、じつは違った意味合いも含んでいます。「脱皮」に象徴されるのは、汚点を許せないという「潔癖さ」です。これまでの人生や今の生活においての自分の失敗を受け止められず、「私に間違いはないはずだ」という完璧主義の考えを持っていると脱皮する夢を見ることがあります。この夢は「人生の汚点を消したい」と強く願うあなたの「思いぐせ」が示されているといえるでしょう。「あのとき、別の学校に進んでいれば」とか「もし、あんな恋をしなければ」などと過去に囚われ、悶々としていませんか？

ひょっとするとこの夢は、守護霊が「根本たる自分を受け入れなさい」という教訓を授けるために見させたスピリチュアル・ドリームの一面もあるのかもしれません。「失敗も汚点もすべてを含んでこそ人間なんだ」ということ、そして「失敗は新たな人生の肥やしになる」と知りましょう。気に入らないすべてのことから目をそむけるような発想は捨て、あるがままの自分を受け止めた上で、新たな可能性にチャレンジしてください。

旅に出る
キーワード

夢

世界一周の家族旅行へ。車なので不安でいっぱいでした。

父が突然、家族を「世界一周旅行に連れていってやる」と言いだします。その夢の中の私は実年齢よりも若いようです。そして家族は簡単に用意をすませ、犬に餌を準備して別れを告げます。なぜか家の裏口や窓から車に乗り込み、父はトランクに2つの木箱を積み込んでいます。私は「車で世界一周なんて無謀だ。もうやめようよ！」と心の中で叫ぶのですが、家族の誰にも伝わりません。そのとき、胸に竿のような棒がいっぱい突き刺さる感じがして目が覚めました。

回答

家族の今後の暮らしを心配する心理が、「旅への不安」として浮き彫りに。

車で、わずかな荷物で世界一周へ旅立とうとする家族に対して「あまりにも無謀では」と心配するのは、「今の経済状況でこれからの生活はやっていけるのだろうか」というあなたの「思いぐせ」でしょう。さらに、夢の中で実年齢より若かったのは、「年齢にふさわしい力を持っていない」というこれも「思いぐせ」のようです。

あなたには、家族がいささか楽天的すぎるように思えるのでしょう。変動のある時世なのだから、もう少し計画的であるべきだと思いつつも、親を助けられるだけの経済力がなく、漠然と思い悩んでいるのかもしれません。「胸に竿が突き刺さる感覚」というのは、これから起こるかもしれない状況を想像して不安な心理状況を象徴しています。

しかし、先々のことを頭で想像し、心配してばかりいても、今の暮らしを充実させなければ未来には何も生まれません。あまり悲観的にならず、目の前の課題をできる範囲で地道にやり遂げていけば自信となり、家族への不安どころか責任感が芽生え、豊かな暮らしが実ることでしょう。

夢の種類
思いぐせの夢

夢

小雨が降る歩道橋で、私が待っている人は？

キーワード 誰かを待つ

今までに5～6回ほど見た、忘れられない夢があります。私は現実には行ったことも見たこともない歩道橋の下で傘をさして、そこから下りてくるはずの誰かを待っているのです。曇り空で、ちょっと小雨が降っています。ただ、夢の中では、なぜか「ここは大阪だ」と認識しているのです。周囲に大阪だとわかるようなものは何もなく、ただ歩道橋の下で人を待っているだけなのですが…。しかもそのシーンだけで夢はいつも終わってしまいます。

回答

人生のキーパーソンが登場しそうです。出会いの可能性を広く信じましょう。

いつの日か、夢のようなシチュエーションで、あなたは夢で待っていた人と出会うはずです。

予知夢を見たときは慎重に内容を受け止めてください。今すぐ大阪に出かけたからといって、そこにキーパーソンとの出会いが待っているわけではないのです。その人物があなたの恋人や結婚相手になるべき人とも限りません。新しい友人かもしれないし、ビジネスパートナーかもしれない。その人物を介して運命的な恋人と出会う、という可能性もあります。出会いの時期も、1か月先とも1年先とも断定はできません。大阪の、小雨の降る日は確かに有力ですが、それ以外のシチュエーションもありえます。東京の歩道橋で大阪から来た人と出会うというような場合も考えられるのです。

予知夢の内容を限定的に受け止めると、それが心のフィルターとなってしまい、せっかくの出会いを見過ごすおそれがあります。出会いのチャンスを逃したくなければ、予知夢の断定は禁物です。「将来、運命的な出会いがあるかもしれない」ということだけを胸にとどめておきましょう。

キーワード
蝶

夢

アゲハチョウが飛び立ち、最後は私の中に入ってきて…。

薄暗い部屋の棚にビーカーがあり、中には黒地に青色の宝石のような模様をしたアゲハチョウが入っています。蝶は羽化したてで、私が蓋を外すと、弱々しくですが飛び立ちました。そして明るい窓のほうへ飛んでいこうとするので、後ろから蝶をサポートしつつ付いていきます。やっと窓に着いた途端に蝶が消えてしまい、同時に私の中に何か入る感覚がありました。とっさに蝶だと思い「このままでは蝶が死んでしまう」と、必死に上着を脱いでいました。

回答

蝶の役割は霊的な世界への道案内。同時にあなたの姿でもあります。

「蝶」はスピリチュアル・ワールドの象徴的な生き物です。ご先祖様や身内など、あなたに関わりのあるどなたかの霊魂が蝶に宿り、スピリチュアル・ワールドの旅へと誘ったのでしょう。

睡眠中の「スピリチュアル・トリップ」を克明に記憶しているということは、あなたは霊的な感覚が強いのでしょう。それゆえに「夢うつつ」になりがちな面があり、現実からかけ離れて物事を考えてしまうようです。また「どうせ私なんか…」と不幸に酔いしれる〝ヒロインシンドローム〟の傾向もあるのではないでしょうか。

夢の中の蝶は案内人であると同時に、あなたの化身の役目も担っています。ビーカーに閉じ込められていたのはあなた自身です。いつも現実を直視できず、自分の殻に閉じこもりがちな面はありませんか？　しかし蝶が暗闇を抜けて明るい窓を目指したように、あなたも目標に到達する努力を始めなければなりません。まず不幸に酔う癖を直しましょう。そして地に足をつけて物事を捉え、夢や希望を達成させるためのリサーチ力や行動力を養ってください。

キーワード
使っていない部屋

夢の中の大きな家には、未使用のひと部屋があります。

今、私は6畳半の部屋に住んでいて、ひとり暮らしなのでこのスペースには十分満足しています。ところが、いつも3LDKぐらいはある大きな家に住んでいる夢を見るのです。そして、その家には必ずひと部屋だけ自分で気づいていない部屋があります。そこを発見し「こんな部屋があったのか。使っていなくてもったいなかったなぁ…」と、毎回、思います。日当たりがとても悪い部屋です。1度ではなく、もう何度も見ています。これは何かの表れですか？

夢

回答

未来の計画を立て直すときが来た、と、守護霊があなたに呼びかけています。

夢に現れた「部屋」は「イマジネーションを育む場所」です。日当たりが良くないことから悪い意味を持つ夢だと思われたのかもしれませんが、その心配はいりません。現世とは別次元の、スピリチュアル・ワールドへの入り口と考えていいでしょう。そういう部屋の存在に気づいたということは、今、あなたは人生の計画を改める時期が近づいているのかもしれません。

最近、日々の生活に、行き詰まりを感じているのではありませんか？　自分の枠を広げなくてはならない、という不安や焦りもあるのでしょう。そんなあなたに対して守護霊は「新たにアイデアや策を練りなさい」というメッセージを送っています。何度も見るという夢の中で、あなたが未知の部屋の扉を開けるか開けないかにはあまり意味はありません。それよりも現実世界で具体的に行動を起こすことが大切なのです。興味のある分野の勉強や資格取得にチャレンジしたり、アイデアを得られるような講演会に通うのもいいでしょう。漠然と将来を考えるだけではなく、もっと未来につながる計画を立ててみてください。

夢

ポストに溢れる手紙は私に何を伝えているの？

キーワード

手紙がたくさん届く

自宅のポストを覗くと、私に宛てられた手紙が溢れんばかりにたくさん入っています。あまりの多さに、手で抱えるのもやっとです。そして夢の中の私は笑顔で、手紙をもらったことにとても満足している様子です。ところが、その手紙にどういったことが書かれているのか、誰が送ってくれたのかまでは、はっきりとは覚えていません。この夢は1度ではなく今までに何度も見ました。しばらくはなかったのですが、久しぶりに最近見たので気になっています。

回答

ポストに届いた手紙は「チャンス」です。好機は積極的に活かしましょう。

ポストにたくさん入っていた「手紙」は「チャンス」を表しています。守護霊は、夢を通じてあなたに「大きなことを成し遂げる絶好のときが来た」とメッセージを伝えているのでしょう。ところがひとつ問題があります。あなたは手紙が届いたことにだけ満足し、送り主や内容まで気にしていません。つまり機会に恵まれたことを喜んではいても、誰と、どのように行動すればよいのかを吟味していないのです。だから素敵な異性と出会っても、積極的にアピールをしないために「知人」で終わってしまうのかもしれません。あるいはキャリアを活かせる転職の誘いを受け、そのことを誇らしくは思っているのに実際は決断できない、というケースもあるでしょう。

あなたは欲の少ない、実直な人なのかもしれません。しかしチャンスを活かしてこそ人生は大きく発展します。冷静に分析し、それが人生最大の転機だと判断したら、積極的にベストの道を選択しましょう。また、チャンスは努力によってはじめて本当の実を結ぶものなので、好機だけに頼らず、最大限の力を尽くしましょう。

夢の種類
メッセージドリーム

キーワード
手を切る

夢

ロールケーキのように両手を切り落としてしまいます。

私は台所に立ち、まるでロールケーキを切るように自分の肘から下を、すとんすとん、と切ってしまいます。そのときは「力を抜いていれば痛くない」ぐらいに思っていて、友達に「いいの?」と聞かれても「また生えてくるから」

と答えています。その後、反対の手も切り、さすがに傷口が気になって見てみると、たいしたことはなかったのでほっとします。奇妙な夢はよく見るのですが、この夢はとても鮮明でした。手がなくなる夢は危険だと聞きましたが…。

回答

将来に対する自虐的な思いから、手という「未来」の象徴を切断したのでは。

　危険というほどではありませんが、確かに「手を切る夢」は内容をよく吟味する必要があります。「手」は「未来」の象徴です。それを切断するのは、あなたの心の中に、将来に対しての自虐的な思いがあるからなのでしょう。「どうせ何をやってもうまくいかない」といった「思いぐせ」に囚われて、行動を起こす前に諦める傾向があるのかもしれません。だからこそ、「手を切る」という鮮烈なシーンが「思いぐせ」を象徴して、夢に現れたのでしょう。

　また「たいした傷ではない」「痛くなかった」というところにもポイントがあります。おそらく、この夢は今のあなたが楽観的な心理状態だということも示しているのでしょう。例えば、仕事にあまり本気で挑んでいなかったり、スキルアップの勉強を怠けるような「甘え」の一面があるのかもしれません。今のまま自虐的な「思いぐせ」に縛られていると、本当に何も成し遂げられない、悔いの多い人生になってしまう可能性があります。今日からさっそく、未来につながるような行動をみずからの意志で起こしましょう。

夢

誰かと手をつなぐ夢で、相手はいつも違います。

私は最近、ほぼ毎日のように、「誰かと手をつなぐ夢」を見るのです。私が手をつなぐ相手は、男友達だったり、女友達だったり、さらには元カレや、まったく知らない人という場合もあります。それぞれの夢の具体的な内容はいつもまったく違っているのですが、朝起きて、夢から覚めたときには「誰かと手をつないでいた」という部分だけをすごく鮮明に覚えているのです。とても気になっているので、どんな意味があるのかぜひ教えてください！

キーワード
手をつなぐ

回答

社交ベタなあなたは、夢の中で、人間関係の修復を試みているのです。

あなたのたましいは、睡眠中にスピリチュアル・ワールドへ里帰りをしたときに、友達や昔の恋人のたましいと「スピリチュアル・ミーティング」をしているのでしょう。そして、彼らと手をつなぐのは、じつは「接し方が悪かったかもしれない」というあなたの深層心理がそうさせているのです。

今、対人関係で悩みを抱えていませんか？　面と向かうと本心を語れなかったり、ついぶっきらぼうな態度をとってしまい、後悔することがあるのではないでしょうか。本当は親密な付き合いを求めているのに、トラブルは避けたいし、嫌われるのも怖い…などと考えるうちに周囲と距離を置いているのかもしれません。

現実世界で果たせなかったことを、スピリチュアル・ワールドで「手をつなぐ」という形でフォローしようと試みているのです。この夢があなたに伝えるメッセージは「手をつなぐなら現実の世界で」ということ。心の中で「あのときはごめん」と謝っても相手には伝わりません。せめて親しい友人や恋人には本音を告げる勇気を持ち、悔いのない関係を築きましょう。

夢の種類
スピリチュアルミーティング

天災が起きる
キーワード

夢

夢が現実になることが多く、もう手に負えない状態です。

私はよく予知夢を見ます。先日、父が亡くなる1週間前に予知夢を見ました。6年前もやはり父が大きな手術をする夢を見て、それが現実となりました。また、地震が起きて地割れの中に落ちる、という夢を見た直後に阪神大震災が起こりました。夢ではなくても、胸騒ぎがしたときにニューヨークでのテロが起こったり、ある芸能人のことを考えているとその人の訃報がテレビのテロップに流れたりもします。もう自分では手に負えない状態になっている気がします。

回答

予知夢は、内容に惑わされず、しっかりと受け止めることが大切です。

若い人は感受性が豊かで、予知夢を見やすいといわれています。大人になってからも霊能力によって予知夢を見る人はいますが、それは極めて珍しい例です。カンの鋭さは年を重ねるにつれて薄らぐものなのです。だから、予知夢を見たからといって「もう手に負えない」とまで過度に強迫観念を持つことはありません。

予知夢は内容を深追いするのではなく、どう受け止めるかが大切です。予知夢には「宿命的」なものと「運命的」なものがあります。天災、人の生死にまつわるような「宿命」は受け入れるしかありません。夢の後には落ち着いて対応できるよう心の準備をしておきましょう。一方「運命的」というのは仕事や恋愛、結婚といった変化しやすい事柄を指します。そういった予知夢のときは、自分の力で状況を改善するよう努めてください。

予知夢とは、人生を見つめ直し、社会で起こる出来事と自分との関わり方を考えるきっかけだということを覚えておきましょう。そしてつねに世の中に目を向け、アンテナを張り、どんな事態にも対処できる瞬発力を養いましょう。

夢の種類
メッセージドリーム

夢

キーワード 天使

子供の頃の夢に天使が！でも言葉を覚えていないんです。

小学2年生の頃に見た夢です。ある朝、目が覚めるとまだ時間があったので二度寝をしました。すると、白く輝く衣を着た天使が夢に現れました。その体は金色に光り、両側には大きな眼を持った奇妙な生き物がいました。天使は私にこれから先の人生の試練や乗り越え方を教えてくれたようでしたが、具体的にどんな言葉を伝えられたのか、はっきりとは覚えていません。今は目的もなく毎日過ごしている状態ですが、このままではあの天使は怒るでしょうか？

回答

スピリチュアル・メッセージは、すでに心や行動の変化に表れているはずです。

　守護霊と自然霊が夢に現れたのでしょう。まず、大きな眼を持つ生き物は自然霊の「龍神」です。しかし、スピリチュアル・ワールドは人間の住む現世のような物質世界ではないので、自然霊が実際に龍の姿をしているわけではありません。私たちの頭の中にあるイメージを利用し、人間に理解されやすい化身となって現れるのです。

天使も同様で、すべては守護霊が夢のメッセージをわかりやすく伝えるために用いた演出なのです。

　スピリチュアル・メッセージを覚えていないということですが、記憶にないメッセージについて深追いする必要はありません。覚えはなくてもすでに「心境の変化」として表れ、行動にも反映されているはずです。今からでも夢日記を書くようにすれば、自分なりの解釈ができるようになるでしょう。

　また、スピリチュアル・ワールドからの使者に恐怖心を抱く必要もありません。彼らが人間を怒ったり、災いをもたらすことはないのです。無用な強迫観念は持たず、「私はいつもお守りいただいている」と受け止め、感謝の気持ちを忘れないようにしましょう。

夢の種類
メッセージドリーム

キーワード
電車に乗る

夢

電車旅行に出るけれど、いつも目的地には着きません。

私は電車に乗る夢をよく見ます。とくに行き先は決まっていないのですが、その電車内ではさまざまなことが起こります。一緒に乗るのは友達が多く、車両にはそれぞれ映画館やスーパー、図書館があり、私はひとりで車内を歩き回ります。どの車両に行っても必ず顔見知りがいて、私に話しかけてくれます。また、乗車する駅は毎回違うので、私は駅構内ではいつも迷子になってしまいます。そして電車は一度も目的地に着くことはなく、目が覚めるのです。

回答

スピリチュアル・トリップの記憶に、友人と離れる寂しさが重なっています。

　睡眠中のたましいがスピリチュアル・ワールドのさまざまな階層を旅する「スピリチュアル・トリップ」の記憶が「電車に乗る」というイメージにつながり、夢に描き出されたのでしょう。電車に乗り合わせたのは、似たような波長を持ち、同じ階層を旅する人々のたましいです。だから、それが友人であってもおかしくありません。

　ところが、この夢の細部は「思いぐせ」から作り出されています。迷子になったり、行き先のない旅をするのは、人生に不安を感じるあなたの「思いぐせ」の表れなのです。学生時代は友達と同じ道を歩いているような連帯感があったのでしょう。しかし大人になるにつれ、しだいに道は分かれていきます。もしかすると、友達の結婚や引っ越しなどが続いて、あなたは取り残されたような孤独感を強めたのかもしれません。

　連絡が途絶えがちになったとしても、友情は簡単に壊れるものではありません。また、新たな人間関係を築くことは古い友情を重んじるのと同じくらい大切なことですから、これからは積極的に交流の輪を広げましょう。

夢の種類
スピリチュアルトリップ

キーワード
天井が迫ってくる

夢

天井が目の前ギリギリまで！大人になっても見る夢です。

子供の頃からもう数えきれないくらいに見ている、天井が目の前ギリギリまで迫ってくる夢です。錯覚しているのか、眠っている状態なのか…。自分でもわからなくなっているときもあるのですが、確かに寝ているはずのときでも「天井が目の前に迫る」という状況になります。子供の頃は恐怖心があったのですが、大人になるにつれて慣れてしまい、デジャビュにも似た感覚で「またか」ぐらいしか感じなくなりました。でもちょっと怖いので気になっています。

回答

たましいが天井につかえています。心身の健康に注意、のサインでしょう。

　天井が迫っているのではなく、あなたのほうから近づいているのです。人間のたましいは睡眠中に幽体離脱し、スピリチュアル・ワールドを訪れます。本来は深い眠りについてから幽体離脱するので記憶には残らないはずです。でも、あなたは半覚醒の状態で経験しています。おそらくそれは心身が不安定な状態だったからでしょう。

心や体が疲れていると、たましいはスピリチュアル・ワールドにまっすぐ向かうことができません。天井につかえたり、ぶつかった衝撃を覚えることすらあるのです。

　人間には、肉体とたましいを結ぶ「緒」（シルバーコード）があります。不健康な状態だと、たましいがなかなか離脱できないのです。さっそく改善するために、丹《たん》田《でん》（おへその下あたり）に手を当てて「緒」に念を込めながら眠ってください。

　また、就寝前に入浴して汚れたエクトプラズムを出し、たましいを浄化させましょう。もちろんそれだけにとどまらず、自分の心身を疲れさせている原因を生活の中から見つけ、改めることがいちばん大切です。

涙を流す
キーワード

夢

夢の中で感動して泣き、実際にも涙を流しています。

最近、泣く夢を見ます。それも決まって明け方です。内容はさまざまで、悲しくて泣くときもあるけれど、ほとんどは感動して泣いています。夢の中の誰かの言葉に感動したり、映画を観て泣いたりしているのです。それは感動の涙

なので、起きたときも穏やかな気持ちです。そして、夢の中で泣いているときは、寝ているはずの私も実際に涙を流していて、しかも眠りながらそのことを理解しているのです。半分起きて、半分寝ているような状態なのでしょうか。

回答

涙を流すのはたましいの浄化行為です。守護霊が癒しを与えようとしています。

　明け方に見る、半分起きて半分寝ているように感じる夢は、スピリチュアル・ドリームの典型です。そして、あなたは夢の中で守護霊と会ったのでしょう。守護霊に対面したときの具体的な記憶が失われ、穏やかな感情のみが残っているのだと思われます。

　こういった夢をたびたび見るあなたは、スピリチュアル・メッセージを感受しやすいタイプのようです。情緒が豊かであり、真面目で繊細ながらも、一生懸命に生きていらっしゃるのでしょう。しかし世の中には理不尽なことが多くて、悲しみや不幸にも遭遇します。そこで守護霊は、あなたがくじけないように物事の真理を語り聞かせ、癒しを与えているのです。「涙を流す」のは「たましいの浄化行為」です。涙によって心は清らかに洗われたのです。

　守護霊から授けられた言葉は、自覚はなくても日常の行動や発言に自然と反映されていくものです。夢の内容や、その時どきの心境の変化や行動を日記に書いておくと、徐々に守護霊からのメッセージを正しく解釈できるようになるでしょう。

亡くなった人と夢で出会うには

悲しみすぎたり執着が強いと、
亡き人は夢に現れづらくなる。

人間は死後にスピリチュアル・ワールドに帰り、たましいとなってあちらの世界で安らかに生きていきます。そのことを理解せずして夢で故人と会うことは叶いません。厳しいようですが、死をいたずらに悲しむのは、亡き人への執着であり依存です。そして現世に残された自分をあわれむ「自己愛」なのです。亡き人を本当に愛しているのなら、スピリチュアル・ワールドで幸福なときを過ごしていることを願いましょう。悲しみや執着を乗り越え、自己愛を慎み、もっと大きな愛を学んでこそ、亡くなった人との「スピリチュアル・ミーティング」を果たすことができるのです。

巻末付録 コンタクトレターの使い方②

亡くなった人に面会をお願いするときに「コンタクトレター」を使いましょう。「戻ってきてほしい」という執着は恨み言に聞こえ、かえって亡き人のたましいを遠ざけます。自分の近況や、死後の世界での楽しい暮らしを願う気持ちを綴ってください。もし夢で会うことはなくても、想う心はきっと故人に届きます。

夢

歯が抜ける キーワード

歯がポロポロと抜けて、口の中いっぱいになります。

何をしたというわけでもないのに、どんどん歯が抜けていきます。話をするたびに、小さな歯がたくさん、ポロポロと抜けていくのです。「どこにこんなにたくさんの歯があったの?」と驚くぐらい、私の口の中は抜けてしまった歯でいっぱいになります。このままでは歯が一本もなくなってしまうのではないか…と不安になるほどで、自分ではどうしたらよいのかわかりません。じつは、私はこのように歯が抜けてしまう夢を、今までに何度も見たことがあります。

回答

歯が抜けるのは、ギブアップしたい、でもできないという気持ちの表れです。

歯が抜ける夢を見るのは、張りつめていた心に限界がきているときです。「歯」は「食いしばる行為」を象徴します。そして、歯の有無は「力を入れられるかどうか」という問題につながります。あなたは今まで精いっぱい努力をしてきたけれどじつは「もう頑張れない」と感じていて、その焦りからこのような夢を見たのかもしれません。

ギブアップすることで周囲に及ぶ迷惑や失うものの大きさをあなたはよく自覚していて、気持ちが揺れているのでしょう。口の中が歯でいっぱいになるほどですから、とても追いつめられているのかもしれません。

この夢には「そんなに疲労を溜めないで一度ゆっくり休みなさい」という守護霊からのメッセージがあります。また守護霊は、あなたが現実世界では表に出せない弱音を、夢の中で解消させているとも考えられます。夢の中ですべてを吐き出して、目覚めたときにはふたたび力を発揮できるように…という守護霊のはからいなのでしょう。これからはときどき自分をいたわるために、仕事や生活にゆとりを持たせましょう。

裸になる
キーワード

夢

裸で学校に行く夢です。就職後は見なくなったけど…。

物心ついた頃から、何度も繰り返して「裸の状態で学校に行ってしまう」という夢を見ます。「服を着なくては」と思いながら、気がつくと裸のまま学校に行っていて、しかもそれをなんとなくごまかそうとします。素っ裸なのに、いろいろ自分で言い訳を挙げて「なんとか大丈夫だろう」と思っているのです。すごくリアルな感情なので、何か意味があるのではと思っているのですが…。そして不思議なことに、就職をしてからはまったく見なくなりました。

回答

「裸の自分」をさらすことへの恐れが、あなたを悩ませていたのでしょう。

この夢を読み解く鍵は「就職したら見なくなった」ところにあります。「裸」が意味するのは「自分の本性」です。裸で学校に行くということは「学校で本性を出すことへの恐れ」を表していたのです。しかし、就職して社会の一員になったことで、あなたは自信を得て、自分らしく振る舞えるようになったのでしょう。だからこそ、裸の夢を見なくなったのです。

何度も繰り返し見ていたのは、それだけ「思いぐせ」が強かったからかもしれません。あなたは子供の頃から人前に自分をさらすことに抵抗があったのでは。友達に比べて劣っていると感じたり、自分には何かが足りない、と自信喪失の状態にあったのかもしれません。そこで本性を隠し、無理に繕おうとしていたために、夢の中では「裸の自分」として逆の形で表されていたのでしょう。

根深い「思いぐせ」は、社会人としての自信を失ったときにふたたび現れるかもしれません。もし、また同様の夢を見たら「無理をしているのでは？」という守護霊からの警告的なメッセージだと思い、自分らしさを取り戻しましょう。

夢の種類
思いぐせの夢

夢

キーワード
花が舞い落ちる

熱を出したときによく見た、たくさんの花に埋もれる夢です。

子供の頃、病気をしたときによくこんな夢を見ていました。私が、母に「お花が欲しい」と言うと、全身がすっぽり埋まってしまうほどのたくさんの花が、体の上に落ちてきます。とても美しくて、まるで雪のように舞い降りてくるのです。夢の中で花に埋もれて息苦しく思っていると、いつも大量の汗をかき、解熱して病気も治っていました。大人になってその夢を見なくなってからは、熱が下がりにくく、病気が治りにくい体になってしまったような気がします。

回答

守護霊のもとで健康回復していたのです。今見ないのは「甘え」を正すときだからでしょう。

子供のとき、病気がちだったあなたを守護霊が庇護していたのでしょう。この夢は守護霊と会う「スピリチュアル・ミーティング」である上、病を癒される「スピリチュアル・ヒーリング」の夢でもあります。子供の頃に熱を出したあなたのたましいも、スピリチュアル・ワールドで、守護霊に健康を回復させてもらい癒されたのでしょう。雪のように花が舞い落ちる幻想的なシーンが、その場所がスピリチュアル・ワールドであったことを物語っています。

大人になってこの夢を見なくなったのは、なにも守護霊から見放されたからではありません。守護霊は、夢を見させないことで「そろそろ自立をしなさい」とメッセージを送っているのです。ひょっとすると今のあなたは「体が弱い」という「思いぐせ」によって熱が出ているのかもしれません。大人になり、本当はもう十分健康であるはずなのに、何かにつけて「体が弱い」ことを理由にしていませんか？　幼い頃に庇護してくださった守護霊に感謝をし、これからは言い訳をしがちな心の「甘え」を克服していきましょう。

キーワード
花嫁姿で花を摘む

夢

ウェディングドレスで、器用にスミレを摘んでいきます。

純白のウェディングドレスを着た私は、緑の丘の上にいます。そして隣には花婿さんがいます。ところが、私はブーケを持ったまま一気に丘を駆け降りだしました。そして、丘を下る途中で器用にスミレを摘んでいきます。最後には段差を勢いよく飛び、きれいに着地。丘を振り返るとそこには赤と黄色の服を着たふたりの男性がいて、夢の中の私は「あの人たちは私のことが好きだったのかな」と考えています。色鮮やかだったので、印象的な夢でした。

回答

結婚のチャンスが迫っているけれど、他にもやりたいことがあるのかも。

結婚が近いことを予知する夢の可能性が高いのですが、心の迷いも映し出されています。スミレを摘む行動には「欲」が表れています。「花」が象徴するのは遊びや仕事、趣味など、「興味を抱いていること」で、今はそれらをとても楽しんでいる状況なのでしょう。そしてふたりの男性は、あなたの中に浮気心が芽生えている可能性を示します。恋人より気になる男性が存在するのかもしれません。あるいは、いろいろな男性ともっと気軽に接してみたいと願っているのではないでしょうか。

恋も仕事も遊びも、あなたにはどれも楽しくて、諦めることができないようです。そこで守護霊は「その迷いが目前に迫った結婚を遠ざけますよ」とメッセージを送ってきたのでしょう。しかし結婚が幸せのすべてではないし、今の生活を選ぶことが悪いとは必ずしも言い切れません。守護霊は「どちらを選ぶのかはあなた次第」とも伝えています。どの道を進むにせよ、幸せになれるかどうかは努力によって決まります。自分自身の人生ですから、結論は急がず、慎重に考えましょう。

夢の種類
メッセージドリーム

母親が妊娠する
キーワード

夢

母の妊娠を知った途端に、悔しくて泣き叫んでいました。

　私の母は現実的には出産が困難な年齢なのですが、夢の中ではなぜか子供を妊娠します。私はそのことを知った途端に「ずっと妹も弟もできないって言っていたのに。今までひとりっ子で我慢してきたのに！」と悔しい気持ちでいっぱいになり、狂ったように泣き叫びながら、母に向かって手当たり次第に物を投げます。そして、夢の中の行動と並行して、寝ているはずの私も携帯電話を投げようとしていたり、声を殺して泣いたりしているところで目が覚めました。

回答

母に対するトラウマがありそうです。まずは、親離れの準備を始めましょう。

子供は親に対して固定されたイメージを持っていて、それが裏切られると強いショックを受けてしまいます。とくに母親に対しては「私だけのお母さん」という部分だけを求め、母の女性である面を見ようとしません。親の熟年離婚に直面したり、新しい再婚相手を紹介されると、母親が自分のイメージに反したために「自分への裏切り」と感じて根深いトラウマにつながることもあります。

あなたも、お母さんへの固定観念を裏切られるような出来事に遭遇したのかもしれません。何らかのトラウマが「母が妊娠」という夢の内容に表されたのでしょう。ですから心的ストレスに影響された「思いぐせの夢」といえます。

何が起こったにしろ、お母さんを責める前に、まず「親離れ」をする必要があります。立派な大人になっていながら、両親に甘えている部分はありませんか？　この夢をきっかけに経済的にも精神的にも独り立ちをした上で、あらためてお母さんとあなたとの問題に向き合いましょう。そうすると、今までとは違った答えがきっと見えてくるはずです。

身動きがとれない
キーワード

夢

まるで金縛りのように何かが私を押さえつけます。

毎夜、体中が締めつけられる悪夢にうなされています。ある日の夢では妖精のようなたくさんの小さい生き物が私の体を押さえていて、まるでガリバーになった気分でした。また別の日の夢では見えない霊のようなものが体にまとわりついて、まったく身動きがとれませんでした。これはひょっとして金縛りなのでは、と思うと怖くてなかなか寝付くことができません。大きな岩が体に乗っている夢も見たことがあるのですが、これも何か関係がありますか？

回答

たかがパジャマ、と侮っていませんか？ いい夢を見るためにはとても大切です。

洋服のまま横になってしまい、寝苦しく感じた経験はありませんか？ たかがパジャマと思われるかもしれませんが、夢を見るためには、着心地の良いものを身につけることが重要なのです。

あなたを苦しめている悪夢はおそらく金縛りとは無関係です。小さな生き物や霊などが体を押さえつけているように感じたのは、着ているものが窮屈だったためでしょう。睡眠中に嗅覚や聴覚、触覚が刺激され、夢の内容にまで反映される「肉の夢」の典型的なパターンです。たましいを休息させる睡眠は人間にとって欠かせないものです。できるだけ眠りの妨げにならないような、軽くて着心地の良いパジャマを選んでください。

また、「大きな岩が体に乗る」夢も「肉の夢」の可能性が高いでしょう。こちらは掛け布団が重かったことが原因かもしれません。ベッドが硬くて「岩に寝ている夢を見た」という例もあります。それくらい睡眠の環境は夢と深く関わり合っているのです。体とたましいがしっかり癒されてこそ現世で活動できるのですから、睡眠のための準備は万全を期してください。

夢の種類
肉の夢

見知らぬ公園で遊ぶ
キーワード

夢

年齢も性別も失った私が、知らない公園で遊んでいます。

それは行ったことも見たこともない公園でした。朝なのか夜なのか、自分が大人なのか子供なのかもわかりません。グルグルと回転する丸いジャングルジムに乗っていて、自分以外にも見知らぬ人々がたくさん乗っていたのですが、みんな年齢、性別も不明です。ただ無表情にジャングルジムにつかまり立ちをしています。そんな、時間も空間もあいまいなところで遊んでいて、しばらくすると公園の入り口に、知らない人が私を迎えに来て、夢が終わりました。

回答

世間に流されがちな自分に対して、たましいが悲鳴を上げています。

見知らぬ人が大勢いる公園や人混みに迷い込むような夢は、誰しも一度は見たことがあるでしょう。こういった夢を見るのは「自分を見失っているとき」です。そして、夢の中で自分の年齢すらわからず、ジャングルジムに身を任せて振り回されているのは、あなたの深層心理に潜む「思いぐせ」が表れているようです。

職場や学校など集団で個性を発揮できずに埋没していたり、社会の風潮に流されがちだと、焦りや不安がつのりやすいものです。あなたもそんな悩みを抱えていて、心理的にとても追いつめられているのかもしれません。そういった心的ストレスが「思いぐせ」となって就寝中も頭から離れないために、「見知らぬ大勢とともに振り回される」という夢のシチュエーションにつながったのでしょう。

あなたのたましいは、自分の実体がつかめず、周囲に押し流されている状況に悲鳴を上げています。この「思いぐせ」の夢をきっかけに、社会の中での自分の立ち位置をしっかり確認しましょう。そしてみずからの手で変化をもたらせるよう、努力を始めてください。

夢の種類
思いぐせの夢

キーワード
水柱

夢

海に大きな2本の水柱が！馬の大群も向かってきます。

大きな窓のある部屋にいます。他にもたくさんの人がいて、誰かが「海が荒れるぞ」と言ったので窓を覗いてみたところ、海に大きな2本の水柱が上がっていました。すると、遠くのほうから馬の大群が向かってきます。窓の近くにはすでに馬が到着していて、犬のような骸骨のような不思議な顔をしていましたが、疲れ果て、死にかけています。突然、私は白い衣装の大きなおじいさんに抱き上げられ、「女は見てはいけない」と部屋の隅に連れていかれました。

回答

人間関係のトラブルに注意を促す夢です。口を挟まず、慎重に見守りましょう。

大きな2本の水柱から読み取ることができるのは「人間関係のトラブル」です。これは予知夢であり、注意を促す「メッセージ・ドリーム」でしょう。

「水柱」は、組織内の「中心的な人物同士の対立」を象徴しています。あなたにとってそれは両親かもしれないし、職場の上司かもしれません。いずれにしろ、その両者の対立が、親族や会社といった集団を巻き込んでのトラブルに発展する可能性があります。「馬の大群」というのは「争いに巻き込まれる人々」で、かなりの人数が疲れきってしまうほど振り回されるのかもしれません。だからこそ、夢のメッセージに慎重に耳を傾けましょう。「白い衣装のおじいさん」は守護霊の仮の姿で、「トラブルに口を挟まないように」とアドバイスを伝えるために現れたのです。深く関わると、あなたまで責任を負うことになる可能性も。

予知夢であっても、回避できることもあるのです。あなたの対応によってはトラブルも穏便に収束するかもしれません。しばらくは周囲の意見を注意深く受け止めて、程よい距離を保ちましょう。

夢

キーワード
文字がはがれる

文字がポロポロはがれ落ちる、不思議なハガキが届きました。

学生時代にアルバイト先でお世話になっていた方が、私の卒業後に定年退職をされたのですが、その方が留学している私のところにハガキを送ってくださる、という夢を見ました。そのハガキがとても不思議で、いざ内容を読もうとすると文字がはがれ落ちてしまうのです。まるで、コインで削っていくかのようにポロポロと。数行にまとめられたメッセージで、何か近況を伝えているようなのですが、一行も読めません。腑に落ちない思いで目が覚めました。

回答

あなたに思いやりの心があるから、相手の寂しさを感じ取ったのでしょう。

睡眠中の私たちのたましいはスピリチュアル・ワールドに里帰りをし、さまざまな人のたましいと面会をします。あなたのたましいも、お世話になった方のたましいと共鳴したのでしょう。それが「ハガキを受け取る」という形で夢に映し出されたのだと思います。心の波長が似た者同士のたましいは、スピリチュアル・ワールドでも自然と引かれ合います。

ハガキの文字がはがれたのは、簡単な文面では語れない事情があるからではないでしょうか。あなたの恩人は、最近何かに大きく失望するような出来事があり、寂しい思いをされているのかもしれません。恩人を敬い、思いやる心があるために、相手の「寂しさ」という念を受け取ったのでしょう。

それならば、さっそく手紙を出してはいかがでしょうか。夢の中のハガキでは、表向きには多くを語っていませんから、あなたも事情を勘ぐる文面は控えるべきでしょう。自分自身の近況報告に、「この頃はいかがお過ごしですか?」といった気遣いの言葉を添えるだけで、恩人の方へは十分気持ちが伝わるはずです。

遊園地
キーワード

夢

いつも同じ遊園地にいます。それも必ず誰かと一緒です。

遊園地にいる夢を10年以上も前から見続けています。見る頻度は数か月に一度なのですが、いつも同じところのようです。でも、それは現実には行ったことのない場所です。夢の中で私は観覧車やジェットコースターに乗って遊んでいます。そのときはひとりではなく、いつも誰かと一緒なのです。でも、それがいったいどこの誰なのか、はっきりとはわかりません。また、その夢を見ながら「ここはいつもの遊園地だ」と自分で認識しているのも不思議です。

回答

「誰か」は、すでに亡くなっている方です。そのたましいと幽界で面会した記憶です。

スピリチュアル・ワールドにも遊園地と似たようなところがあります。「たましいが羽を伸ばして遊ぶための場所」で、あなたも何度かそこを訪れたことがあるはずです。それを現世の遊園地のイメージを借りて、自分なりにわかりやすく具象化させたのでしょう。

そして、一緒にいた「誰か」はすでに亡くなっている方です。おそらくそれは男性で、おじいさまか、あなたをとてもかわいがっていた親戚の誰かのようです。

もし身内や親しい人を亡くしても、「もう二度と会えない」と嘆き悲しむことはありません。人間のたましいはスピリチュアル・ワールドを訪れたときに死者のたましいと「スピリチュアル・ミーティング」をします。ただそのシーンが記憶に残らないだけで、覚えがあったとしても「亡くなった人の夢を見た」と簡単に解釈しているだけなのです。頻繁にこの夢を見るのは、故人とそれだけ縁が深かったということでしょう。偲ぶ心があれば、これからも亡き人とスピリチュアル・ワールドの憩いの場で面会し、楽しいひとときを過ごすことができます。

UFO
キーワード

夢

UFOに乗り込んだり、宇宙人と話をしていたり…。

何年も前から、ときどきUFOや宇宙人が夢に出てきます。自分が乗り込む夢だったり、宇宙人と話をしていたり、そのときによって細かい内容は違っています。最近は金色に輝くUFOが飛んでいる夢も見ました。私は以前、実際に一度だけUFOを目撃したことがある（と自分では思っている）のですが…。べつにUFOオタクというわけでもなく、目撃したこともすっかり忘れていたのに、なぜこんな夢を見るのでしょう。とても不思議なんです。

回答

UFOという非現実的なものを見るのは、環境の変化を望んでいるからでしょう。

あなたは、夢のような出来事を望んで〝白馬の王子様を待っている〟タイプの女性のようです。

日頃から頭に強く描いていることがシチュエーションとして現れるものを「思いぐせの夢」といいますが、あなたの夢もこれに当てはまるようです。きっと、非現実的な出来事が自分の身に起きてほしいと願っているのでしょう。それが「UFOの飛来」や、「宇宙人と遭遇」という形で夢に現れたのだと考えられます。

実際にUFOを見たかどうかということに深い意味はありません。むしろそのことを夢に見るほど忘れられず、誰かに語らないではいられないという点に「現実逃避」の願望が裏打ちされています。さらに何度も夢に見るということは、あなたの「平凡な環境を変えたい」という思いはかなり強いものなのでしょう。しかし白馬の王子様もUFOも、ただぼんやりと待っているだけでは具体的な解決方法は導かれません。変化とは自分の努力の結果、はじめてもたらされるものなのです。さっそく今日から、環境の変化につながる行動をみずから考え、実践してみましょう。

夢

家の周囲がサファリパークに。迫るライオン、ゾウの意味は？

ライオンから逃げる
キーワード

私がよく見るのは、家の近所もしくは自宅の庭が「サファリパーク」のようになっている夢なんです。例えば、庭にライオンが入ってきたので慌てて家の中に逃げ込んだり、窓を閉めたりします。さらに、家の近所の道路にはキリンやゾウなどいろいろな動物がたくさん歩いています。「サファリパーク」なんていうとなんだか楽しそうに感じられるかもしれませんが、私は夢の中でいつも命がけで逃げています。これはいったい、何を意味しているのでしょうか？

回答

ライオンが表すのは、「攻撃」や「危険」。悪意ある人物の接近には気をつけて。

　サファリパークや動物園が示すのは「人間関係」です。そしてキリンやゾウといった穏やかな動物に対し、「ライオン」が表すのは「攻撃」「危険」です。つまり、家やあなた個人に悪意を抱く何者かが存在することを表した夢なのです。例えばあなたをライバル視する知人や、ゴミの出し方などでのご近所さんとのトラブル、空き巣や下着泥棒に目をつけられることなどを予知した夢と考えられるでしょう。

　予知夢の場合、1度だけ見たのなら、おそらく1～2か月後に身の回りに何かが起こる可能性があります。何度も見るなら半年～1年後、それもかなり大きな出来事になる場合もあるでしょう。こういったスピリチュアル・ドリームを見たときは、自分の不注意から他人に悪意を抱かれる結果を招いていないか、戸締まりを忘れていないかなどをしっかり再認識してください。そして、いざというときに対処できるように、心の準備をしておきましょう。守護霊は災難を未然に防ぎ、用心させるために予知夢を見せたのですから、心構えさえできていれば、むやみに恐れる必要はありません。

夢の種類
メッセージドリーム

立方体になる
キーワード

夢

私がなぜか「立方体」に！そして押しつぶされそうになります。

夢の中は見渡す限り何もない、本当の無空間でした。そこに、私は人間としての自分自身の姿ではなくて、四角い、ただの「立方体」として存在しているのです。すると次の瞬間、いきなり周囲には私よりさらに大きな立方体がたくさん現れて、小さな立方体の私のことを押しつぶそうとしてきました。このように奇妙な夢を1度だけでなく、2度、3度と見たことがあります。押しつぶされそうになったときの苦しい、怖い感覚をいまだに覚えています。

回答

五感が刺激された「肉の夢」でしょう。寝室の環境に問題はありませんか?

睡眠中に肉体が、音、匂い、振動などの影響を受けると夢の内容に反映されることがあり、そういった夢を「肉の夢」と呼びます。「立方体になる」という不思議な夢も、この「肉の夢」のようです。これはどうもあなたの寝ている環境に問題がありそうです。

最近の若い方に多いのが、寝床に自分ひとりが横たわるだけのスペースしかない、というケースです。寝床の周囲に、視界を遮るようなものを置いていませんか? 狭いスペースで寝る自分を深層心理で「立方体のようだ」と感じ、取り巻くように置かれたものを「押しつぶしてくるもの」と捉えているのではないでしょうか。実際の視覚的な圧迫だけでなく、そういった心理的作用も奇妙な夢を見させる原因になります。

まず、寝室の整理整頓から始めましょう。布団が硬すぎるために「立方体」という発想に結びついている可能性もあるので、布団を自分の体に合ったものに替えることも考えたほうがいいかもしれません。睡眠はたましいと肉体の休息に不可欠ですから、環境づくりはおざなりにしないでください。

夢

夢の中で霊に遭遇したところ、ある男性が助けてくれました。

電車に乗ると、隣に背の高いスーツ姿の男性がいました。私はなぜか裸で、恥ずかしさを感じるのに周囲は気にも留めません。次の瞬間に強い視線を感じ、青白い顔の中年男性が私を見て笑っていることに気づきました。その男を霊だと感じ、「逃げなければ」と思うのですが体は動きません。霊のような男が私に手を伸ばした瞬間、スーツの男性がかばってくれました。後日、母に夢の内容を詳しく話すと、亡くなった大叔父がスーツの男性によく似ているそうです。

回答

夢と霊的現象が混在したのでしょう。守護霊がたくみに演出しています。

夢の途中で金縛りになり、霊と遭遇したのでしょう。夢と霊的現象とが混在することはまれにあります。また、助けてくれたのは確かに亡くなった大叔父さんのようです。スピリチュアル・ワールドに時間と距離はなく、霊魂は自在に行き来ができます。生前から大叔父さんはお母さんを大事に思っていて、その娘であるあなただからこそ、危険を察して助けに現れたのでしょう。

夢の中の現象をコーディネートしているのは守護霊です。あなたを危機から救うために大叔父さんをスピリチュアル・ワールドから呼んだのかもしれないし、守護霊がその姿を借りたのかもしれません。それは、あなたを低級霊から救いながら、亡くなった親戚に感謝する機会を与えるためです。そしてお母さんにも大叔父さんのことを思い出させ、「亡き人に守られている」と実感してもらうためだったのでしょう。このように守護霊は私たちを導き、守るために、さまざまな夢の演出を用います。ぜひお母さんと一緒に亡き大叔父さんを偲び、感謝の気持ちを向けてみてください。

思いぐせの夢から学ぶ

人間の見えない部分を描き出すので、
自分を変えるきっかけにしよう。

「己を知る」のは難しいことであり、自分の中には想像以上に未知の部分が存在していると考えるべきです。その見えざる感情や心に深く根ざしているトラウマを映し出すのが「思いぐせの夢」で、じつは人間の見る夢のほとんどがそうなのです。精神的な疲労を抱えている人ほど「思いぐせの夢」をよく見ます。

スピリチュアル・ドリームではないからと、軽んじてはいけません。「思いぐせの夢」はありのままの姿を映す鏡なので、読み解くことが人間的な成長につながります。例えば「逃げる夢」を見たら「生活に追われている」という苦しさの表れで、ゆとりを持つための工夫が必要です。日記に書いてたびたび読み返せば、どんな思いぐせが潜んでいて、どう改善すればいいのかわかるようになるでしょう。

江原啓之　えはら・ひろゆき

1964年生まれ、東京都出身。スピリチュアリスト。世界ヒーリング連盟会員。和光大学人文学部芸術学科を経て國學院大学別科神道専修Ⅱ類修了。滝業、修験道の修行を重ね、北澤八幡神社に奉職。1989年、英国で学んだスピリチュアリズムも取り入れ、スピリチュアリズム研究所を設立。雑誌、テレビ、出版、講演などで活躍中。また、スピリチュアル・アーティストとして、第2弾CD『スピリチュアル・エナジー』(ソニー・ミュージックダイレクト) をリリース。著書に『スピリチュアル・オーラ ブック basic』『運命の赤い糸をつなぐ スピリチュアル・ブライダルブック』(共に小社刊) などがある。

公式 HP
http://www.ehara-hiroyuki.com/

携帯サイト
http://ehara.tv/

※現在、個人相談は休止中です。お手紙などによるご相談もお受けしておりません。

本書は、『アンアン』に連載された「スピリチュアル夢・診・断!」(2003年11月5日号～2005年9月21日号) を加筆修正したものです。

STAFF

装丁　細山田光宣、岡 睦

表紙ロゴマーク&イラスト　添田あき
本文イラスト　いとう瞳

写真　小川朋央(帯)

編集　堀木恵子

及川卓也
麻坂博史
柳楽 祥
藤島由希

校閲　聚珍社

眠りに潜むメッセージ
スピリチュアル
夢ブック

2006年8月23日　第1刷発行
2015年5月27日　第3刷発行

著者　江原啓之

発行者　石﨑 孟
発行所　(株)マガジンハウス
〒104-8003
東京都中央区銀座3-13-10
電話　受注センター　049-275-1811
書籍編集部　03-3545-7030
印刷／製本　大日本印刷株式会社

ISBN978-4-8387-1713-2 C0039